STAAT, STÄNDE UND DER GERECHTE PREIS

EIN BEITRAG ZUR GESCHICHTE UND KRITIK DES ÖKONOMISCHEN WERTPROBLEMS

VON

RUDOLF KAULLA

SPRINGER-VERLAG WIEN GMBH
1936

ISBN 978-3-7091-5212-6 ISBN 978-3-7091-5360-4 (eBook)
DOI 10.1007/978-3-7091-5360-4

URSPRÜNGLICH ERSCHIENEN BEI IN JULIUS SPRINGER IN VIENNA 1936
SOFTCOVER REPRINT OF THE HARDCOVER 1ST EDITION 1936

Inhaltsverzeichnis.

Einleitung.

Erstes Kapitel.

Der Begriff des gerechten Preises im Zusammenhang mit der Geschichte des Wertbegriffs.

Zweites Kapitel

Die Abhängigkeit des Wertes von Staat und Recht.

Drittes Kapitel.

Die Untergrenze der Wertgestaltung.

Viertes Kapitel.

Die Obergrenze der Wertgestaltung.

Fünftes Kapitel.

Die Einwirkung des Staates auf die Gerechtigkeit der Preisbildung.

Einleitung.

Der Sinn des ökonomischen Wertproblems.

Um was handelt es sich?

Die Bedeutung der Frage nach dem Wesen des wirtschaftlichen Wertes der Güter ergibt sich anschaulich aus einer Gegenüberstellung des Prinzips der Güterverteilung, wie sie sich in einer tauschlosen und wie sie sich in einer tauschwirtschaftlich organisierten Gemeinschaft vollzieht.

Das einfachste und nächstliegende Beispiel einer tauschlosen Gemeinschaft ist das Zusammenleben einer Familie in einer patriarchalisch geleiteten häuslichen Gemeinschaft, in der das Familienoberhaupt jedem einzelnen Mitglied der Gemeinschaft (den Familienangehörigen, dem Gesinde oder anderen Teilnehmern) seine Stellung im Haushalt anweist.

Die Haushaltung befaßt sich mit der Beschaffung, der Verwaltung und Verteilung der für den Verbrauch der Gemeinschaft benötigten Güter. Die Teilnahme des einzelnen an dieser Gemeinschaft hat somit zwei entgegengesetzte Seiten: die des Gebens und die des Empfangens. Auf der einen Seite handelt es sich um ein Beitragleisten für die Gemeinschaft, seien dies Sachgüter und Geld oder seien es Dienste. Ein schätzenswerter Beitrag für die Gemeinschaft kann unter Umständen auch schon im bloßen Dabeisein einer Person (als dauerndes Mitglied oder als vorübergehender Gast) bestehen, weil schon ihre bloße Gegenwart als solche aus irgendwelchen Gründen, zum Beispiel um ihres besonderen sozialen Ansehens willen, als ein Vorteil betrachtet wird. Auf der anderen Seite besteht die Teilnahme eines jeden am Haushalt darin, daß er Leistungen von ihm empfängt. Diese können ebensowohl von materieller Beschaffenheit sein (Behausung, Nahrung, Kleidung) wie auch ideeller Natur (Erziehung, Geselligkeit u. a.).

Die Bestimmung darüber, was jeder zu geben und was er zu

empfangen hat, ist grundsätzlich Sache des Familienoberhauptes. Sie erfolgt nach dessen Willkür, soweit diese nicht durch Gesetze (zum Beispiel Alimentationspflicht) oder durch Herkommen (zum Beispiel Gastrecht) eine Beschränkung erleidet. Zuweilen bestehen feste vertragliche Abmachungen mit einzelnen Hausgenossen, die diesen zum Beispiel das Anrecht auf ein bestimmtes Zimmer oder auf eine bestimmte Art der Verköstigung als Entgelt für bestimmte Arbeitsleistungen einräumen; derartige Abmachungen bleiben hier aber außer Betracht, weil sie tauschwirtschaftlichen Charakter haben und es sich hier zunächst nur um das Beispiel einer völlig tauschlosen Wirtschaftsgemeinschaft handelt.

Das Maß des Gebens und das Maß des Empfangens, die einzelnen Leistungen der Mitglieder der Haushaltsgemeinschaft gegenüber den einzelnen Gegenleistungen, stehen nicht notwendig in einem festen Verhältnis. Ob beispielsweise die Hauseltern sich die besten Bissen zur Mahlzeit nehmen und ihren Kindern nur das Nötigste geben oder ob sie im Gegenteil für ihre Kinder hungern, um diesen möglichst viel überlassen zu können, ob der Wohnraum so oder anders eingeteilt wird — diese und jede sonstige Verteilung der verfügbaren Güter unter die Hausgenossen ist willkürlich und kann überall verschieden sein; jedenfalls steht sie der Regel nach nicht, mindestens nicht ohne weiteres in einem bestimmten Verhältnis zu dem Maß dessen, was jedes Mitglied des Haushalts zu diesem beisteuert. Entscheidend für das Maß der Zuteilung ist vielmehr zunächst die Frage, was jedes Haushaltsmitglied braucht und inwieweit das Familienoberhaupt diese Bedürfnisse anerkennt und berücksichtigen will. In der letzteren Hinsicht kommt es wesentlich darauf an, welches Ansehen ein jedes im Haushalt genießt. Die Eltern nehmen sich das, was sie für richtig halten — einfach weil sie die Eltern sind, der älteste Sohn mag mehr berücksichtigt werden als seine Geschwister, weil er eben der Älteste, oder umgekehrt das Nesthäkchen wird bevorzugt, weil es der Liebling ist; dem Gast wird etwas Besonderes erwiesen, weil er der Gast ist.

Was so in der Familiengemeinschaft seit jeher die Regel war[1] und

---

[1] „In Rußland wie in Rom übt der Familienvater, der Patriarch, eine unumschränkte Herrschaft über alle die Seinen aus. Er regelt die Rechte und die Verteilung des Ertrags derselben" (E. de Lavaleye, Das Ureigentum, übersetzt und vervollständigt von Bücher, Leipzig 1879, S. 365ff.).

auch heutzutage gang und gäbe ist und jedem von uns derart als eine Selbstverständlichkeit erscheint, daß der Leser sich zunächst wundern mag, weshalb hier eine Analyse der geschilderten Beziehungen unter den Angehörigen einer Familiengemeinschaft überhaupt für der Mühe wert gehalten wird, ist auf primitiven Wirtschaftsstufen auch für die umfassenderen wirtschaftlichen Organismen charakteristisch.

Nicht schon seit allem Anbeginn haben die Menschen untereinander in regelmäßigem Tauschverkehr gelebt. Ehe dieser zur allgemeinen Grundlage des wirtschaftlichen Zusammenlebens geworden ist, die er heute darstellt, war dieses dadurch charakterisiert, daß nicht nur die einzelne Familie, sondern auch ganze Dorfschaften oder Stämme, Verwaltungen großen und größten Umfanges durch ein Zusammenarbeiten aller Gemeinschaftsangehöriger ihren Gesamtbedarf an wirtschaftlichen Gütern beschafften und daß die für diesen Gesamtbedarf verfügbare Gütermenge im wesentlichen ausschließlich wieder für die Teilnehmer an der Gemeinschaft Verwendung fand, woneben der Tauschverkehr mit anderen Wirtschaftseinheiten, soweit ein solcher zustande kam, mehr nur zufällige, jedenfalls nur untergeordnete Bedeutung hatte[1]. Namentlich die Sklavenwirtschaften des Altertums und ähnlich auch die mit Hörigen arbeitenden Fronhöfe, die dem ganzen europäischen Mittelalter, in Deutschland etwa seit den Karolingern, in einer überall ziemlich gleichförmigen Weise das wirtschaftliche Gepräge gaben, waren nach analogen Gesichtspunkten orientiert wie noch heute die Familie.

In den Sklavenwirtschaften der antiken Völker war zuweilen (jedoch keineswegs immer) nicht nur die Verschiedenheit zwischen dem Lebensunterhalt, der den Sklaven zugebilligt war, und der Lebensführung der Herren eine sehr große, mitunter, man denke an die Blütezeit Roms, sogar eine unmenschlich krasse, sondern auch zwischen den verschiedenen Kategorien der Sklaven und aller der

[1] „Der Einzelne besitzt, was und wie ihm die Mark- und die Dorfgenossenschaft Haus und Hof, Garten und Acker einräumt, er nutzt die Weide und den Wald, das Fischwasser und die Jagd, wie es ihm die Gemeinde gestattet; er pflügt und erntet, wie es die Dorfgenossenschaft verlangt und anordnet. In lebendigeren Verkehr mit Nichtdorfgenossen zu treten, ist ihm kaum möglich.“ Schmoller, Umrisse und Untersuchungen zur Verfassungs-, Verwaltungs- und Wirtschaftsgeschichte, Leipzig 1898, S. 4.

anderen, die sonst noch zu der „familia" zum Beispiel eines vornehmen Römers gehörten, bestanden Unterschiede je nach dem Range, den die einzelnen Kategorien einnahmen, und auch nach dem Ansehen, in dem die einzelnen Personen standen. Auf den mittelalterlichen Fronhöfen war die Differenzierung zwar im allgemeinen eine weit geringere, zum mindesten in den ersten Jahrhunderten ihrer Entwicklung, namentlich da, wo, wie in großen Teilen Deutschlands, die Fronhöfe aus den alten Mark- und Dorfgemeinschaften herausgewachsen waren. Aber doch hatte gerade in Deutschland, wie Tacitus (Germania, Kap. 26) berichtet, schon in den ältesten historischen Zeiten die Übung bestanden, den Grund und Boden der damals noch bäuerlichen Mark- und Dorfgemeinschaften „secundum dignationem" (nach der sozialen Wertschätzung) zu verteilen, und sicherlich wurde auch bei späteren Landteilungen den Unterschieden der Macht und des Ansehens, des Geburts- und des Amtsadels und des Reichtums Rechnung getragen[1]. Mehr und mehr schieden sich dann allmählich sowohl die Freien wie die Unfreien in eine Anzahl weiterer, scharf getrennter Stände (Adelige verschiedenen Ranges und Gemeinfreie sowie die Geistlichkeit auf der einen, Hörige und Hintersassen verschiedenen Rechts auf der anderen Seite) — Standesunterschiede, die ihren sinnfälligsten Ausdruck in dem Wergeld fanden, das zur Sühne für Totschlag entrichtet werden mußte und dessen Höhe zumeist nach dem Stand des Erschlagenen abgestuft war; die Abstufungen waren zuweilen sehr bedeutend, während innerhalb der Stufen der sozialen Gliederung des Volkes Einheitlichkeit in den Wergeldsätzen zu bestehen pflegte. Je größer ein Wirtschaftskörper war — es gab ja große Herren, weltliche und geistliche, die über weite Länder nicht nur als politische Herrscher, sondern zugleich als Grundherren, das heißt kraft privaten Eigentums geboten —, desto größer pflegte auch diese Differenzierung zu sein. Mit der Standeszugehörigkeit hing aber nicht nur die Größe des Anteils zusammen, den ein jeder innerhalb der Wirtschaftsgemeinschaft besaß, sondern wesentlich nach ihr pflegte sich auch Art und Maß der Dienste zu richten, die jeder für die Gemeinschaft bzw. für den Grundherrn zu leisten verpflichtet war[2].

---

[1] von Inama-Sternegg, Deutsche Wirtschaftsgeschichte, I. Band, 1879, S. 112.

[2] von Inama-Sternegg, ebenda, passim. Ferner u. a. Ashley, Englische Wirtschaftsgeschichte (deutsche Übersetzung), Leipzig 1896, I. Band, 1. Kap.

Anders in einem modernen, mit Geld wirtschaftenden, auf Güteraustausch zwischen selbständigen Subjekten aufgebauten Gemeinwesen!

Zwar besteht, zum mindesten in den Ländern mit bürgerlicher Wirtschaftsordnung, die Konsumtionsgemeinschaft der Familie auf der oben besprochenen Grundlage im wesentlichen auch heute noch. Allein den für die heutige Zeit im Gegensatz zur Zeit der „geschlossenen Hauswirtschaft" charakteristischen Typus des Wirtschaftens gibt in den bürgerlichen Ländern die individuell selbständige und zwar tauschwirtschaftliche Erwerbsbetätigung, sei es auf dem Gebiet von Landwirtschaft, Gewerbe oder Handel oder in einem geistigen Beruf. Bei diesem Typus ist Grundlage des Einkommens jedes Individuums nicht das Ergebnis einer Zuteilung von Seiten eines übergeordneten größeren Wirtschaftskörpers, dem er angehört, sondern das Ergebnis des Komplexes von privatrechtlichen Verträgen, die es mit anderen Rechtspersönlichkeiten abschließt. In diesem privatrechtlichen Verkehr sind alle einzelnen Leistungen einer Vertragspartei regelmäßig abhängig von bestimmten einzelnen Gegenleistungen der anderen Partei. Art und Umfang jeder Leistung pflegen sich nach Art und Umfang ihrer Gegenleistung zu richten. Das Einkommen, das sich ein jeder insgesamt erwirbt, bemißt sich demzufolge nach der Beschaffenheit der Leistungen, mit denen er selbst, Gegenleistungen heischend, auf den Markt tritt. Der Wert haftet nicht mehr, wie es einst in den naturalwirtschaftenden Gemeinschaften der Fall gewesen war, an den Personen, sondern an den Sachen. Der Wert ist unpersönlich geworden. Die Fähigkeit, ein Einkommen zu erzielen, hat sich gewissermaßen zersplittert auf die einzelnen Dienst- oder Warenleistungen dieser Person. Jede Leistung und jede Ware für sich, die ein wirtschaftendes Subjekt im Tauschverkehr irgendeinem anderen anbieten kann, scheint infolgedessen die Fähigkeit zu besitzen, eine Gegenleistung irgendwo auszulösen und an sich zu ziehen.

Diese Fähigkeit ist ihr Tauschwert (Verkehrswert). Im folgenden möge das einfache Wort „Wert" schlechthin zur Bezeichnung dieses Tauschwertes dienen, womit also die Fähigkeit eines Gutes gemeint ist, demjenigen, der es einem anderen anbietet, in Gestalt eines Preises ein Einkommen bzw. einen Einkommensbeitrag zu verschaffen.

Bei allen diesen einzelnen Verträgen über Leistung und Gegenleistung steht die Rücksicht auf den Stand und die persönliche Würdigkeit des Kontrahenten regelmäßig ganz im Hintergrund; oft bleibt dem Vertragschließenden die Person des Vertragsgegners sogar völlig unbekannt, weil zum Beispiel ein Strohmann sie deckt. Nicht mehr der status, sondern, wie man dies prägnant auszudrücken pflegt, der contractus beherrscht also das Verhältnis von Leistung und Gegenleistung.

Was hier im vorstehenden skizziert wurde, ist, in betonter Schärfe, der Gegensatz reiner Naturalwirtschaft und reiner Tauschwirtschaft (Geldwirtschaft) in Hinsicht auf die Einkommensverteilung. Die Geschichte der Volkswirtschaft hat aber den Übergang von der einen zur anderen Stufe nicht radikal, sondern in der Weise vollzogen, daß wesentliche Reste des naturalwirtschaftlichen Zustandes noch erhalten blieben, und zwar weit über den Rahmen des Familienhaushalts hinaus, nachdem längst die Geldwirtschaft nicht allein Eingang gefunden, sondern schon das Übergewicht erlangt hatte. Die Folge war ein Nebeneinander und Ineinander von Erscheinungen, die teilweise der einen, teilweise der anderen Entwicklungsstufe zuzurechnen sind. Vor allem blieb auch nach dem Eindringen der Geldwirtschaft die Idee der Verantwortung der Gemeinschaft für die Güterverteilung unter den Volksgenossen lebendig. Da aber gleichzeitig die Entwicklung es mit sich brachte, daß die Güterverteilung sich mehr und mehr auf dem Weg privater Verträge über die Leistung von Diensten oder Waren unmittelbar zwischen den einzelnen Individuen vollzog, so ergab sich ein *Ineinanderfließen und gegenseitiges Sichbeeinflussen dieser beiden heterogenen Prinzipien der Güterverteilung.*

Vor allem war der Gesichtspunkt der „Nahrung“ in der Gestalt, wie er die Zunftzeit beherrschte, ein Kompromiß zwischen dem naturalwirtschaftlichen und dem geldwirtschaftlichen Prinzip.

Die naturalwirtschaftliche Wirtschaftsgestaltung hatte durch diesen Gesichtspunkt ihr Gepräge erhalten. Damals war der leitende Gedanke der Vermögensverteilung der gewesen, daß jede Bauernfamilie Landbesitz von solchem Umfang (zusammenhängend oder in Streulage) und solcher Beschaffenheit erhalten sollte, wie sie zu ihrem Unterhalt benötigte. Dieser der bäuerlichen Gedankenwelt entstammte Gedanke der Nahrung hat sich dann auf das Gebiet von Gewerbe und Handel übertragen und hat auf diesem Gebiet geherrscht, solange es handwerksmäßig und zunftmäßig organisiert war. Der Grundgedanke war und blieb hier der: das Handwerk soll seinen Mann ernähren[1]. Nur war aber jetzt, im Unterschied von der naturalwirtschaftlichen Zeit, das Einkommen jedes Gewerbetreibenden das Ergebnis seiner individuellen Erwerbsbetätigung, also des Umfangs und der Qualität seiner Berufsarbeit und der Art und Weise, wie er seine Arbeit im einzelnen zu verwerten verstand. Es war jetzt, juristisch gesehen, das Ergebnis aller der einzelnen Privatverträge, die ein jeder in seinem Gewerbe mit seinen verschiedenen Kunden abschloß. Aber die Preisbildung war durch obrigkeitlich geschützte Taxen unter dem Gesichtspunkt gebunden, daß jedem Zunftgenossen durch die Gesamtheit dieser seiner Erwerbshandlungen, mit anderen Worten durch die Gesamtheit der von ihm erzielten Preise, ein ausreichendes Einkommen, eben die „Nahrung“, gewährleistet sein sollte.

Dabei blieb auch die Rücksicht auf den status, die Standesverhältnisse, noch auf lange hinaus von Bedeutung für die Einkommensverteilung. So pflegten sich noch lange nach dem Eindringen der Geldwirtschaft, zu einer Zeit, als es bereits üblich geworden war, Lehensgüter mit Geldrenten zu belasten, diese Geldrenten nach dem status des Lehensträgers zu richten. Zur Bemessung der Rente nach der Beschaffenheit des Grundstücks (also vor allem nach seinem Ertrag oder seiner Ertragsfähigkeit) kam es im allgemeinen erst auf den späteren Stufen der Geldwirtschaft. Ähnlich ist es bei Zwangsvollstreckungen sogar noch bis in die Neuzeit vielfach rechtens gewesen, die sogenannte Kompetenz, das heißt dasjenige Maß von Gütern, das dem Gepfändeten zur Fristung seines Lebens belassen werden muß, je nach seinem Stand ganz verschieden hoch zu bemessen. Viele der in vielen Ländern in früherer Zeit zuweilen dem Adel, auch dem hohen Klerus gewährten Steuer- und Zollprivilegien können als weiteres Beispiel genannt werden — Rechtsgestaltungen, die heute beinahe bizarr anmuten und deren Verständnis nur möglich ist, wenn man das oben geschilderte naturalwirtschaftliche Prinzip der Güterverteilung und sein Nachwirken erfaßt und dadurch Verständnis gewonnen hat für die Bedeutung des status für die Preisbildung. Wie sehr jener Zeit das Bestehen und die Berechtigung von Standesunterschieden auch auf

[1] Sombart, Der moderne Kapitalismus, I. Band, 1. Halbband, 1928, S. 34; auch an anderen Stellen.

dem Gebiet der Vermögens- und Einkommensverteilung in Fleisch und Blut lag, trat mit charakteristischer Offenheit gelegentlich auch in den Schriften der Gelehrten zutage, wovon in der weiteren Darstellung noch die Rede sein wird.

Bei dem Gegensatz des naturalwirtschaftlichen und des geldwirtschaftlichen Prinzips handelt es sich aber keineswegs nur um eine Konstruktion, die lediglich den Wirtschaftshistoriker interessiert, sondern dieser Gegensatz schließt auch einen Interessengegensatz von eminent praktischer und aktueller Bedeutung in sich.

Das Eindringen der Geldwirtschaft führte notwendig zu einem Konflikt zwischen denjenigen Personen oder auch ganzen Ständen, deren Einkommen auf dem naturalwirtschaftlichen Prinzip beruhte, und denjenigen, für deren Einkommen das tauschwirtschaftliche Prinzip maßgebend geworden war. Je mehr das letztere Prinzip vordrang, desto mehr sahen sich diejenigen gefährdet, denen bislang kraft Herkommen oder Gesetz ein Einkommen nicht als unmittelbare Bezahlung für Arbeit oder Waren zufloß, sondern auf Grund ihres status gewährleistet war. Diejenigen umgekehrt, die in eine geldwirtschaftliche Erwerbsstellung gedrängt waren und sich ihr Einkommen durch Verdingung ihrer Arbeitskraft oder durch Verkauf ihrer Erzeugnisse am offenen Markt verdienten, sahen sich durch die Unsicherheit dieser Art der Versorgung bedroht. Denn die Größe dieses ihres Einkommens hing von den Zufälligkeiten der Marktlage ab. Es konnte sehr befriedigend, konnte überreich, aber auch unbefriedigend, ja sogar völlig unzulänglich ausfallen und den Arbeiter oder Produzenten, der darauf angewiesen war, dem Hunger preisgeben. Eine solche Gestaltung, deren Gefahren, je höher sich die Geldwirtschaft entwickelte, desto augenfälliger hervortraten, stand aber im Widerspruch mit der von altersher überkommenen Empfindung, die den Menschen auch nach dem Abbröckeln der patriarchalischen Wirtschaft im Blut stecken blieb, daß nämlich jeder einzelne ein Glied einer umfassenden Wirtschaftsgemeinschaft darstellt, die irgendwie dafür verantwortlich ist, daß ein jeder sein richtiges Auskommen habe.

Aus diesem Konflikt ergab sich das Problem des gerechten Preises (justum pretium), das heißt die Frage, wie die Preise von Gütern und Leistungen beschaffen sein sollen, um von den Menschen als gerecht empfunden zu werden; des ferneren, unzertrennlich anschließend, die Forderung, daß von Seiten der Obrigkeit das mögliche geschehen müsse, um eine solche gerechte Preisbildung auch gegen Widerstände durchzusetzen. Diese Frage und diese Forderung bildeten den Kern allen volkswirtschaftlichen Denkens im Mittelalter.

Es möge nun im folgenden zunächst versucht werden, in Kürze aufzuzeigen, welche Wandlungen das Problem des gerechten Preises — als ein Teil des ökonomischen Wertproblems — im Lauf der Zeiten durchgemacht hat und durch welche Einflüsse die Stellung der Wissenschaft zu ihm jeweils bedingt war.

Erstes Kapitel.

Der Begriff des gerechten Preises im Zusammenhang mit der Geschichte des Wertbegriffs[1].

§ 1.
Im römischen Recht[2].

Der Gedanke der Gerechtigkeit in der Preisbildung, der justitia pretii, setzt einen Zustand voraus, in dem der Tauschverkehr bereits zu erheblicher Bedeutung gelangt ist. Der Tauschverkehr mußte sich schon soweit entwickelt haben, daß er auch zu unguten Verhältnissen in der Preisbildung führte, deren Verbesserungsbedürftigkeit sich dem Beobachter aufdrängte. Wohl hatte es bereits in den Zeiten der Naturalwirtschaft, solange der Tauschverkehr nur erst eine accidentelle Bedeutung hatte, bei allen Völkern Gesetze gegeben, die die Werthöhe einzelner Arten von Gütern festlegten, dies vor allem um die Gutmachung eines zugefügten Schadens zu regeln (Straftarife mit Bestimmungen über Wergeld). Aber erst eine weit spätere Entwicklung schritt zu obrigkeitlichen Eingriffen in die Freiheit der Tauschverträge durch zwangsweise Regelung der Höhe des Äquivalents für eine Leistung. Solche Eingriffe in die tauschwirtschaftliche Verteilung der Güter bewiesen, daß die Preisbildung bereits in irgendwelchem Umfang Anlaß zu Unzufriedenheit gegeben hatte.

Von grundlegender Bedeutung für die ganze Folgezeit bis zur heutigen Gegenwart ist in dieser Hinsicht die Entwicklung des römischen Rechts gewesen. In diesem war der Begriff des gerechten Preises, des justum pretium, zunächst im Zusammenhang mit der Notwendigkeit aufgestellt worden, Normen insbesondere für alle die-

---

[1] Vgl. hierzu meine „Geschichtliche Entwicklung der modernen Werttheorieen“. Tübingen 1906.

[2] A. a. O., S. 5ff.

jenigen Fälle zu geben, in denen eine Wertermittlung durch den Richter vorgenommen werden mußte. In seinen Anfängen von dem Grundsatz völliger Nichteinmischung in die Preisberedungen der Parteien beherrscht, endigte dabei die römische Rechtsentwicklung in der späteren Kaiserzeit mit Maßnahmen der Gesetzgebung, die unter weitgehender Zurückdrängung der Verkehrsfreiheit eine als objektiv gerecht vorgestellte Preisfestsetzung für alle möglichen Güter bezweckte.

Allerdings ist uns vom römischen Recht im wesentlichen nur die rein juristische, mehr formale Seite seiner Entwicklung überliefert. Die theoretische Spekulation war nicht die starke Seite der Römer. Die treibenden — politischen und philosophischen — Ideen, die dahinter standen, müssen wir aus der tatsächlichen Entwicklung der Gesetze und aus den überlieferten Aussprüchen der Juristen, also vor allem aus den Pandekten, erst gewissermaßen rückwärts abstrahieren.

Das Ergebnis einer solchen Untersuchung verdient hier jedoch Beachtung nicht allein deshalb, weil die Begriffe, die das römische Recht geschaffen hat, von nachhaltigem Einfluß auf die Rechtsentwicklung des abendländischen Kulturkreises bis auf den heutigen Tag gewesen sind, sondern namentlich auch aus dem Grund, weil sich mit überraschender Klarheit zeigt, daß diese von keiner „Theorie“ im heutigen Sinne begleitete Rechtsentwicklung des Römerreichs von seinen Anfängen bis zu seinem Verfall sich in Hinsicht auf die Behandlung des Wertproblems bereits zwischen ganz den gleichen geistigen Polen bewegt hat, zwischen denen wir die Werttheorien der Neuzeit hin und her pendeln sehen.

In alten Zeiten scheint überall der Gang des menschlichen Lebens in allen seinen Betätigungen, auch in denen wirtschaftlicher Art, in starkem Maß durch die Macht des Herkommens bestimmt gewesen zu sein. Wie lange und in welchem Umfang das Herkommen auch in Rom die Preisgestaltung beeinflußt hat, kann hier dahingestellt bleiben; jedenfalls war diese unter der Herrschaft des aus der Mitte des 5. Jahrhunderts v. Chr. stammenden Zwölftafelgesetzes bereits vollkommen frei. Sie war in den ersten Jahrhunderten der historisch beglaubigten Geschichte Roms schrankenlos der privaten Willkür überlassen. Das Recht wehrte auch den extravagantesten Preisen nicht. Dieser Zustand ist verständlich, wenn man sich seinen geistigen und kulturellen Hintergrund vergegenwärtigt.

Bindung der Preise durch die sittliche Kraft des Herkommens, wie sie frühen Kulturstufen eigen ist, pflegt nur insoweit Bestand zu haben, als es sich um Geschäfte handelt, die zwischen Angehörigen eines und desselben Stammes abgeschlossen werden. Das Recht findet hier eine Ergänzung in dem, was innerhalb dieses Stammes für sittliche Pflicht gilt. Ganz anders aber beim Verkehr mit Stammesfremden. Die Angehörigen verschiedener Stämme fühlen sich von keinem gemeinschaftlichen Band umschlungen. Weder Verehrung gemeinsamer Götter — jeder Stamm betet zu seiner eigenen Stammesgottheit — noch das Bewußtsein gemeinsamer wirtschaftlicher Interessen weist sie darauf hin, daß einer dem anderen helfe. Im Gegenteil, ein jeder sucht seinen Vorteil im Schaden des anderen. Keine Rücksicht auf ethische, keine auf soziale Momente verpflichtet gegenüber dem Stammesfremden. Durch Schlauheit den Gegner überlisten, betrügen, darf man sich sogar zum Ruhme rechnen. Im Tauschverkehr zwischen Stammesfremden gilt uneingeschränkt das Streben nach größtmöglichem Gewinn.

Nicht anders war und ist es im Grunde überall bis auf den heutigen Tag, wo die Voraussetzungen ähnliche sind, also besonders in Kolonialländern. So liegt in Nordamerika die Zeit noch nicht weit zurück und sie wirkt noch heute nach, in der — unter Verhältnissen, die in dieser Hinsicht ganz analoge waren wie im alten Rom — im Preiskampf jedes Mittel erlaubt war und kein Anrufen der Gerichte, sondern nur das rücksichtslose „help yourself“ gegen Übervorteilung schützte.

Zwischen der Gesamtheit derer, die zur Zeit des alten Zwölftafelrechts der vollen Gerechtsame als römische Bürger teilhaftig waren, bestand jene sittliche Bindung, die vordem zwischen den Stammesangehörigen gegolten hatte, längst nicht mehr. Wohl gingen die latinischen Märkte auf weit ältere Zeiten zurück, aber die Gemeinden, deren Bürger hier zusammenkamen, fühlten sich einander gegenüber als Fremde, wenn nicht sogar als Feinde. Die späteren Bündnisse waren erst die Frucht vorhergegangener Kriege. Im Handelsverkehr zwischen diesen verschiedenen italischen Gemeinden herrschte daher allein das Streben nach größtmöglichem Gewinn, das Streben, möglichst billig zu kaufen und möglichst teuer zu verkaufen. Als später das Anwendungsgebiet des römischen jus civile über die römische Markung hinausgriff und den Gemeinden des latinischen Bundes das commercium, die Teilnahme am römischen jus civile, verliehen wurde, da wurde der Geist, der den gegenseitigen Verkehr beherrschte, nicht mit einem Male ein anderer. Gleichheit auf dem Boden des Privatrechts verband sie freilich jetzt alle. Aber kein gemeinschaftliches Herkommen hielt den Erwerbstrieb in Schranken.

Und wie in den verschiedenen Gemeinden untereinander, so verhielt es sich auch innerhalb desselben Gemeinwesens mit den verschiedenen Klassen der Bürger. Neben dem Patriziat und ihm gegenüber stand die plebs, die ihrerseits Elemente der verschiedensten Herkunft, frühere Insassen, freigelassene Sklaven, ehemalige Bürger aus besiegten Gemeinden und deren Abkömmlinge umfaßte. Für diese völlig heterogenen Elemente, aus denen sich die Bürgerschaft zur Zeit der Zwölftafelgesetzgebung zusammensetzte, hatten die Bande des altrömischen Herkommens im Tauschverkehr keine Kraft mehr. Zwischen den verschiedenen Klassen bestand nun eine tiefe Kluft. Während der Kriege, die Rom zu führen hatte — und es führte fast immer Krieg —, konnte der Reiche, der genügend Sklaven besaß, seine Wirtschaft durch diese versehen lassen. Der Arme aber hatte keine Hilfskräfte, die, während er selbst im Felde stand, die notwendigen landwirtschaftlichen Arbeiten hätten verrichten können. Ihn, dessen Gut während der Abwesenheit des Besitzers der Verwahrlosung preisgegeben war, lieferte der Krieg in die Hände eben jener reichen Grundbesitzer, von denen er nun Geld entlehnen mußte, um seine Wirtschaft wieder in Stand zu setzen und sein Leben zu fristen. Denn die großen Grundbesitzer des alten Rom waren gleichzeitig auch die großen Geldbesitzer und Spekulanten, da in ihren Händen von Anfang an der Großhandel von Latium sich befunden hatte. So war der Schwache dem Starken ausgeliefert und kein durch Herkommen gefestigtes ethisches Band hinderte diesen, die Notlage des Vertragsgegners auszubeuten, um einen möglichst hohen Zins für das gewährte Darlehen auszubedingen. Welches Imponderabile hätte in heidnischer Zeit bei solcher Beschaffenheit der sozialen Verhältnisse den wirtschaftlich Überlegenen hindern sollen, bei der Beredung eines Kaufpreises oder eines beliebigen sonstigen Geschäftes rücksichtslos nach größtmöglichem Gewinne zu streben? Das alte Exekutionsrecht gestattete dem Gläubiger, den säumigen Schuldner sogar zu töten oder ihn samt seiner Familie in die Sklaverei zu verkaufen.

Die Rechtsanwendung aber und damit die Möglichkeit, das

Recht auf dem Wege der Interpretation weiterzubilden, lag seit dem Sturz des Königtums ausschließlich in den Händen des Patriziats. Ihm, dessen Angehörige zum weit überwiegenden Teil reich begütert, mindestens wohlhabend waren, nützte ein Rechtszustand, der ihm die Möglichkeit gewährte, die Menge der Nichtbesitzenden in wirtschaftliche Abhängigkeit zu bringen, und es dachte nicht daran, im Rechtsleben eine Wertanschauung zur Geltung zu bringen, die anderen Preisen Berechtigung gegeben hätte, als denen, wie sie von Fall zu Fall unter voller Ausnützung der wirtschaftlichen und sozialen Überlegenheit sich gestalteten. Es war in diesem grundlegenden Betracht eine Zeit des Freihandels in Reinkultur.

Nur eine Ausnahme hatte das Zwölftafelrecht eingeführt: eine Beschränkung des Zinsfußes für Darlehen. Diese Ausnahmebestimmung war aber nicht etwa dem Gedanken entsprungen, jedes Darlehen habe nicht mehr als einen bestimmten Wert und es sei gerecht, dafür zu sorgen, daß der Zins, in dem das Entgelt für das Darlehen liegt, diesen Wert nicht übersteige. Das legislatorische Motiv war vielmehr ein rein politisches; war es doch in erster Linie der Druck der Wucherzinsen gewesen, der zu der Empörung der plebs im Jahr 494 v. Chr., zur secessio in montem sacrum, geführt hatte, und es galt, solchen Gefahren für die Zukunft vorzubeugen. Die Maßregel mochte im Gegenteil von den Gesetzgebern, die ja selbst der herrschenden, finanziell überlegenen Patrizierklasse angehörten, wohl eher als ein Eingriff in natürliche Rechte empfunden worden sein! Man denke an die Äußerung des Cicero (Verr. IV, 5, 10): „(majores nostri) putabant ereptionem esse non emtionem, cum venditori suo arbitratu vendere non liceret“ — eine Äußerung, die den Geist des altrömischen Rechts sicherlich richtig charakterisiert hat.

Dieser Geist des römischen Rechts änderte sich in dem Maße, wie in Rom die Zahl der römischen Vollbürger zurücktrat hinter der Zahl derjenigen, die dieses Bürgerrecht nicht besaßen, und je mehr somit der Geltungsbereich des jus civile, das lediglich den Rechtsverkehr zwischen den Vollbürgern beherrschte, zurückgedrängt wurde zugunsten eines „jus gentium“, das sich aus den Bedürfnissen desjenigen Rechtsverkehrs allmählich herausbildete, der dem jus civile nicht unterworfen war. Dieser Verkehr wurde aber immer wichtiger, weil Rom mit der Entfaltung seiner kriegerischen Macht auch an

Bevölkerung immer mehr zunahm und dabei immer exklusiver wurde in der Verleihung seines Bürgerrechts; vor allem wurde den Bürgern unterworfener Gemeinden schon seit etwa dem 3. Jahrhundert v. Chr. das römische Bürgerrecht nicht mehr gegeben. Im Maß wie die Römer aus den engen Verhältnissen eines kleinen Agrikulturvolkes heraustraten und in immer vielfältigere wirtschaftliche Beziehungen miteinander, mit den übrigen Gliedern des wachsenden Staates und mit Fremden verflochten wurden, nahm die Bedeutung des jus gentium für das gesamte Rechtsleben zu. Es konnte auch nicht ausbleiben, daß sich die Gesamtheit der Bevölkerung immer mehr zusammenschweißte. Sie wurde so allmählich zu einer auch ethisch enger verbundenen Volksgemeinschaft. Im jus gentium lag daher die treibende Kraft für die Weiterbildung des römischen Rechts überhaupt. Im jus gentium hatten aber die überkommenen Grundsätze und Verkehrsformen des jus civile keine Geltung. Hier, im Verkehr der Bürger mit den Nichtbürgern und der Nichtbürger untereinander war der Richter in Ermangelung fester Normen vielmehr auf das angewiesen, was nach Lage des Falles „aequum et bonum“ dünkte. Dafür, daß dieses richterliche Gutdünken nicht in unberechenbare Willkür ausartete, sorgte die Einrichtung, daß der Magistrat bei Beginn seiner jeweiligen Amtsperiode in einem Edikt die Grundsätze bekanntmachte, nach denen er Recht zu sprechen gewillt war. In diesen Edikten wurde es rasch zur stehenden Formel, daß der Richter in Ermangelung fester Normen kurzweg eine Beurteilung ex fide bona, eine Entscheidung nach der aequitas versprach.

Was ist nun aber das Kriterium dessen, was aequum ist? Was insbesondere das Kriterium eines Preises, der der Billigkeit entspricht? Gewiß ist, daß über den näheren Inhalt des ethischen Postulats, um dessen Verwirklichung es sich hier handelt, zu verschiedenen Zeiten und bei verschiedenen Menschen die Ansichten stets auseinandergingen und stets auseinandergehen. Nicht weniger gewiß ist aber auch, daß die Rechtsprechung nach festen Richtlinien für die einschlägigen Entscheidungen streben muß und daß auch das Verkehrsleben selbst nach solchen drängt und sie aus seinen Bedürfnissen heraus entwickelt. Diese Entwicklung in der Richtung auf ein festes Prinzip hat ihren Niederschlag in zahlreichen Aussprüchen römischer Juristen gefunden, die in den Pandekten zusammengefaßt zu autoritativer Geltung gelangt sind. Kurz und prägnant sagte insbesondere Pomponius: „Jure naturae aequum est neminem cum alterius detrimento et injuria fieri locupletiorem“[1].

In dieser Berufung auf das Naturrecht tritt die Herkunft der Grundgedanken zutage, die der römischen Rechtsentwicklung die Richtung gegeben haben. Das Recht ist das Ergebnis seiner Zeit. Es bildet sich im engsten Zusammenhang mit der ganzen Kultur. Seine Grundgedanken müssen daher dem Milieu entsprechen, das Geisteswelt und wirtschaftliche Tatsachen jeweils darstellen. Das römische Geistesleben stand aber wesentlich unter dem Einfluß der Griechen; die schöpferische Kraft des römischen Geistes, die sich in der Jurisprudenz so glänzend bewährte, versagte auf dem Gebiet der Philosophie.

Es waren freilich weniger die Klassiker der griechischen Philosophie, ein Aristoteles oder Plato, die die römische Bildung beeinflußten, als vielmehr die gleichzeitig lebenden Philosophenschulen. Von dem Bildungsgang der römischen Juristen läßt sich allgemein sagen, daß er im wesentlichen unter dem Einfluß der stoischen Philosophie gestanden hat. Es war daher auch die stoische Idee des Naturrechts, die hinter der Entwicklung des jus gentium stand. Aus dem stoischen Ideengang heraus muß insbesondere jener Begriff der aequitas verstanden werden.

Die Stoa lehrte, daß die Ordnung des Weltganzen eine vernünftige ist. Natur und Vernunft seien in notwendiger Harmonie. Hieraus zieht die Ethik den Schluß, daß das oberste Gesetz für die menschlichen Handlungen und zugleich das höchste erstrebenswerte Ziel zu finden ist in der Übereinstimmung des menschlichen Lebens mit dem allbeherrschenden Naturgesetz, der Vernunft. „ὁμολογουμένως τῇ φύσει ζῆν“ (in Übereinstimmung mit den Geboten der Natur leben) lautet das stoische Moralprinzip. Wer dieses Gebot erfüllt, ist tugendhaft. Er ist auch allein der wahrhaft Weise; denn er hat sich das einzige Gut erworben, das unter allen Umständen und Bedingungen den Menschen glücklich machen kann. Wie findet man aber, was vernünftig ist? Die Beobachtung der Kinder und der Tiere lehre, daß der ursprünglichste Trieb jedes Wesens der Selbsterhaltungstrieb ist. Alles, was diesem Trieb dient, diene also der wahren Vernunft. Der Weise prüfe somit die Güter auf ihre Geeignetheit, ein vernünftiges, naturgemäßes Leben zu fördern.

[1] l. 206 D. de Reg. Jur. 50, 17.

Reichtum sei erstrebenswert, weil er es erleichtere, ein tugendhaftes Leben zu führen.

Alle Vernunftwesen, weil jenem einen und demselben Naturrecht unterworfen, erscheinen als Teile eines vernünftigen Ganzen. Was für den einzelnen naturgemäß und vernünftig ist, sei es also notwendig auch für die Gesamtheit der Menschen. Der einzelne, der dem Vernunftgesetz folgt, wirke notwendig zugleich zum Vorteil der Gesamtheit. In diesem Gedanken liegt die Versöhnung der Prinzipien des Egoismus und der aequitas. Das individuelle Streben nach eigenem Gewinn stehe der Verwirklichung dessen nicht entgegen, was von dem allgemein philosophischen Standpunkt aus für bonum et aequum gelten muß. Die aequitas verlange vielmehr Freiheit für die Betätigung des persönlichen Egoismus im Erwerbsleben. Der altrömische Grundsatz der Nichteinmischung der Rechtsordnung in den Tauschverkehr und insbesondere in die Preisbildung konnte aus diesem Gedankengang heraus als Grundsatz auch im jus gentium fortbestehen.

Hier aber ergab sich aus der stoischen Lehre doch zugleich eine wesentliche Einschränkung. Denn geht man auch davon aus, daß sich der Nutzen des einzelnen mit dem der Gesamtheit decke, so gilt dies doch natürlich nur von dem richtig verstandenen Nutzen. Und aus der Zusammengehörigkeit der Menschen folgt, daß nur derjenige wahrhaft weise ist, der im Sinne der Zusammengehörigkeit handelt. Der eigene Vorteil darf mithin nur insoweit zur Richtschnur des Handelns dienen, als er nicht die Bande gefährdet, die die menschliche Gesellschaft zusammenhalten.

Die erste Maßnahme des römischen Rechts, die unter diesem Gesichtspunkt das Ziel verfolgte, beim Abschluß von Verträgen ein im Gegensatz zu einem mißbilligten Verhältnis von Leistung und Gegenleistung als g e r e c h t e r vorgestelltes Wertverhältnis herbeizuführen, diente dem Schutz der Minderjährigen gegen Übervorteilung (lex Plaetoria, zirka 186 v. Chr.). Es folgte später die Durchführung eines allgemeinen Rechtsschutzes gegen Betrug, schließlich die Einführung einer grundsätzlichen Haftung des Verkäufers für Mängel der verkauften Sache schlechthin. So hatte sich der dem ältesten römischen Recht durchaus fremd gewesene Gedanke Bahn gebrochen, daß es Aufgabe des Rechts sei, unter gewissen Voraussetzungen gegenüber dem durch Parteiwillen festgesetzten Verhältnis von Leistung und Gegenleistung ein anderes

Verhältnis durchzusetzen, nämlich ein solches, das den Vorstellungen des Richters von der Gerechtigkeit des Preises entspricht.

Damit war der Begriff des gerechten Preises (justum pretium, verum pretium) zu einem Rechtsbegriff geworden, der nun für alle Zukunft seine praktische Bedeutung behalten sollte.

Von welchen Gesichtspunkten hat nun ein solches „richtiges" Werturteil auszugehen? Wie findet der Richter das justum pretium? Zahlreiche Pandektenstellen, insbesondere solche, die sich auf die Mängelhaftung des Verkäufers eines Gegenstandes beziehen, beweisen, daß als Grundlage des Tauschwertes die Brauchbarkeit des Gegenstandes angesehen wurde. Ausdrücklich verlangte das Recht jedoch, daß bloße persönliche Neigungen und Stimmungen (bloße „Affektion") bei der Beurteilung dieser Brauchbarkeit nicht mit veranschlagt werden. Der Standpunkt, auf den sich der Richter bei der Beurteilung des Gebrauchswerts zu stellen hat, ist also als derjenige eines normalen Durchschnittsmenschen gedacht, ein Gedanke, der den römischen Juristen unter dem Einfluß der stoischen Philosophie vollkommen geläufig war, die nicht müde wurde, das Bild des Weisen, das heißt des idealen Menschen, der in allem die richtige Ansicht hat und betätigt, bis in die kleinsten Einzelheiten zu zeichnen. Ging man dergestalt von einer normalen Schätzung des Gebrauchswertes aus, so mußte logischerweise auch die auf dieser beruhende Schätzung des Tauschwerts normale Gültigkeit haben. Der so beschaffene Wert ist es, den die Quellen als das justum pretium bezeichnen, das dem Geist jener Gesetzgebung entspricht.

Ganz andere Anschauungen sprechen aber aus dem Recht der späteren Kaiserzeit. Die Veränderung trat entscheidend in zwei Gesetzen der Diokletianischen Regierung zutage. Das erste betraf die Anfechtung wegen sogenannter laesio enormis: es wurde dem Verkäufer einer Sache, wenn sich herausstellt, daß er weniger als die Hälfte des justum pretium als Entgelt empfangen hatte, das Recht zum Rücktritt von dem Verkauf eingeräumt, es wäre denn, daß der Käufer eine Nachzahlung bis zum Betrage des wahren Wertes leistete. Das andere Gesetz war ein Edikt, das einen festen Preistarif für alle erdenklichen Waren und Dienstleistungen aufstellte, unter Androhung der Todesstrafe für Überforderungen. Während also früher die Vertragsfreiheit Einschränkungen mit dem Zweck, an die Stelle des willkürlich von den Parteien vereinbarten Preises einen anderen, gerechteren Preis zu setzen, nur insoweit erfahren hatte, als das Werturteil des Klägers beim Vertragsschluß durch eine (von dem Gegner beabsichtigte oder nicht beabsichtigte) Täuschung der oben bezeichneten Arten getrübt erschien, wollen die beiden diokletianischen Gesetze den als gerecht vorgestellten Wert schlechthin erzwingen, also auch dann, wenn die Kontrahenten bei der Preisberedung über alle für die Gestaltung ihrer Wertmeinung maßgebenden Momente vollkommen im klaren gewesen waren und mit voller Absicht ihre Preisberedung so und nicht anders getroffen hatten. Der früher schon vorhandene Gedanke, es gebe ein normales und insofern richtiges Werturteil, zeigt sich jetzt verschmolzen mit dem Wunsch, die Preisbildung allüberall im Verkehrsleben mit dem richtigen Wert im Einklang zu sehen.

Dieser Umschwung in den Rechtsanschauungen hing mit tiefgreifenden Veränderungen zusammen, die sich im Wirtschafts- wie im geistigen Leben des Römerreichs vollzogen hatten.

Die wirtschaftliche Blüte der ersten Kaiserzeit war längst dahin. Zwei Symptome mögen genügen, um den eingetretenen Verfall zu veranschaulichen. Die Gewerbetreibenden waren von altersher in innungsartigen Korporationen zusammengeschlossen; seit dem Anfang des vierten Jahrhunderts n. Chr. mußten die Söhne von Mitgliedern dieser sogenannten collegia gesetzlich gezwungen werden, mit dem zwanzigsten Lebensjahr ebenfalls Mitglieder der Korporation zu werden, und wenn sich einer dieser Verpflichtung durch die Flucht entzog, so konnte ihn die Korporation vindizieren wie einen entlaufenen Sklaven. In ähnlicher Weise und nicht minder grell wird die Lage der damaligen Landwirtschaft durch die Tatsache beleuchtet, daß in der konstantinischen Zeit die Kolonen anfingen, sich durch die Flucht dem Druck der Steuern zu entziehen, die zu erarbeiten ihnen nicht mehr möglich war. Es war naheliegend, daß die spätkaiserliche Regierung gegenüber den Gefahren einer solchen Lage den Versuch unternahm, den bedrohten Erwerbsständen zu auskömmlichen Verkaufspreisen für ihre Erzeugnisse zu verhelfen, also zu solchen Preisen, die (bei der hergebrachten Technik und bei den bisherigen Selbstkosten) außer der Deckung der Selbstkosten noch einen Gewinn für den Verkäufer übrig ließen. Diese auskömmlichen Preise erhielten Rechtsschutz. Sie waren die obrigkeitlich als gerecht anerkannten Preise.

§ 2.
In der Scholastik[1].

Die Völkerwanderung, in der das römische Reich untergegangen war, hatte das Abendland auf die Stufe primitiver Naturalwirtschaft zurückgeworfen. Es dauerte Jahrhunderte, bis wieder Märkte entstanden, auf denen die Einzelwirtschaften in regeren Tauschverkehr miteinander traten. Den wirtschaftlichen Wiederaufschwung brachten vor allem die Kreuzzüge. Hand in Hand mit ihm ging ein Wiederaufblühen auch der geistigen Kultur und nun begannen die Gelehrten, sich auch mit den wirtschaftlichen Problemen auseinanderzusetzen, die damals, namentlich in dem blühenden Städtewesen des Mittelalters, zu praktischer Bedeutung gelangten.

Nun fanden die Begriffe und Gedankengänge des römischen Rechts ihre Wiederauferstehung und geradlinige Fortsetzung. Denn das römische Recht war inzwischen im ganzen christlichen Abendland rezipiert worden und bildete von neuem die Grundlage des bürgerlichen Lebens. Dabei hatte die wirtschaftliche Entwicklung es mit sich gebracht, daß in den Städten des Mittelalters, ähnlich wie es in der spätrömischen Kaiserzeit der Fall gewesen war, die Obrigkeit es in die Hand genommen hatte, den Tauschverkehr und insbesondere die Gestaltung der Preise zu regulieren. Jedoch im Unterschied von der Römerzeit handelte es sich jetzt nicht mehr um die Entwicklung der objektiven Rechtsordnung allein und nicht mehr nur um das Interesse der praktischen Jurisprudenz, das lediglich den einschlägigen Rechtsfragen gegolten hatte, sondern nun begann auch die gelehrte Theorie, sich systematisch mit diesen Dingen zu befassen. Das wirtschaftliche Problem, das das Interesse der Gelehrten an erster Stelle in Anspruch nahm, war das der justitia pretii, des gerechten, dem wahren Wert entsprechenden Preises.

Die Gelehrsamkeit des Mittelalters, die Scholastik, die sich diesem Problem zuwandte, war in erster Linie eine theologische. Sie hielt sich streng auf dem Boden des Christentums. Hatte die Stoa es für weise erklärt, nach Reichtum zu streben, so lehrte das Christentum Verachtung des Strebens nach irdischem Gut. Und hatte die stoische Philosophie zum Prinzip der Nichteinmischung

---

[1] Vgl. hierüber ausführlicher meine Abhandlung „Die Lehre vom gerechten Preis in der Scholastik" in der Zeitschrift für die gesamte Staatswissenschaft, Jahrg. 1904, S. 579ff.

in den Tauschverkehr und dazu geführt, daß die zur Zügelung des wirtschaftlichen Kampfes eingeführten positivrechtlichen Vorschriften als nur ausnahmsweise Eingriffe in den naturrechtlich, also grundsätzlich erlaubten Zustand völliger Freiheit des Strebens nach Gewinn erschienen, so erhob das Christentum umgekehrt die Nächstenliebe zum beherrschenden Prinzip. Die Kirchenväter widmeten sich mit nachdrücklicher Strenge der Auslegung des religiösen Verbots, einen Nebenmenschen zu übervorteilen, und das kanonische Recht verlangte, daß alle Verträge, gleichviel unter welchen juristischen Begriff sie fallen, darauf geprüft werden sollen, ob sie nicht gegen jenes Verbot verstießen. Die Gelehrten der Scholastik, die ihre Aufgabe in der Erklärung der Schriften der Kirchenväter und des kanonischen Rechts erblickten, waren so geradezu darauf gestoßen, nach einem objektiven Merkmal zu suchen, an dem sich stets sollte erkennen lassen, ob zwei auszutauschende Güter wertgleich sind oder nicht, ob also ein Preis gerecht ist oder nicht.

Den Weg zur Lösung dieses Problems fanden die Scholastiker bei Aristoteles. „Der Philosoph", wie sie ihn schlechtweg nannten, stand bei ihnen in höchstem Ansehen und seine Schriften waren Gegenstand ihres eifrigen Studiums. Albertus Magnus stellte in Fragen der Philosophie und der Naturwissenschaften die Autorität des Aristoteles sogar noch über die des hl. Augustinus, die ihm in Glaubenssachen als die erste galt.

Aristoteles war wie auf vielen Gebieten, so auch auf dem des Wertproblems der Bahnbrecher gewesen. Unter den Philosophen des Abendlandes scheint er der erste gewesen zu sein, der die Begriffe des Gebrauchswerts und des Tauschwerts der Güter klar einander gegenübergestellt hat. Dabei hatte auch ihn der Tauschverkehr in erster Linie vom Standpunkt des Moralphilosophen aus interessiert und es geschah im Zusammenhang mit seinen Untersuchungen über das Wesen der Gerechtigkeit, daß er sich der Frage nach dem Grund des Tauschwerts zuwandte. Bei jedem Tausch verlange die Gerechtigkeit, sagt Aristoteles, wenn auch keine vollkommene Gleichheit, so doch eine gewisse Verhältnismäßigkeit zwischen dem, was jeder Teil leistet, und dem, was ihm zuteil wird. Es frage sich also, woran diese Verhältnismäßigkeit zu erkennen ist.

In diesem Zusammenhang hatte Aristoteles den Gedanken in die Welt gebracht, der seinen Einfluß auf die Wirtschaftsphilosophie bis in die neueste Zeit behaupten sollte: daß die Vergleichbarkeit der Werte verschiedener wirtschaftlicher Güter irgendein gemeinsames Etwas bei den zu vergleichenden Größen zur Voraussetzung habe.

Aristoteles hatte es freilich ausdrücklich abgelehnt, daß dieser Gedanke so verstanden werden dürfe (wie ihn dann die objektive Wertlehre der neueren Zeit, am konsequentesten Karl Marx, aufgenommen hat), als sei dieses gemeinschaftliche Etwas in den Gütern selbst zu finden. Er hatte nur davon gesprochen, daß alle Gegenstände des Austausches „in gewissem Sinne“ vergleichbar sein müssen (*πάντα συμβλητὰ δεῖ πῶς εἶναι*); in Wirklichkeit (*τῇ ἀληθείᾳ*) könne es jedoch für Dinge, die so verschieden sind, kein gemeinschaftliches Maß geben. Ein solches könne es nur geben, gebe es aber auch in der Tat — nämlich in Gestalt des Geldes — für das Bedürfnis, das die Tauschbeziehungen „zusammenhält als ein gemeinsames Band“. Aber die Idee des Vorhandenseins eines gemeinschaftlichen Etwas, das in allen Wertgrößen enthalten sei, war nun einmal ausgesprochen und die Kommentatoren des Aristoteles verfehlten nicht, diesen Gedanken weiter auszuspinnen.

Hierbei gingen die Scholastiker ähnlich wie früher die Stoiker von der Vorstellung aus, daß der Gebrauchswert der Güter einer normalen Schätzung von der Seite des menschlichen Bedürfnisses her zugänglich sei. Wie die Stoiker im Bilde des „Weisen“, so hatte ja die Bibel in dem „Gerechten“ einen idealen Typus geschaffen, der als das natürliche Vorbild für den menschlichen Lebenswandel galt, und die religiöse Kraft, die dieser Vorstellung innewohnte, konnte die Neigung nur noch verstärken, mit einem abstrakten, normalen Gebrauchswert der Güter zu rechnen. Von einem normalen Gebrauchswert ausgehen heißt aber nichts anderes als das subjektive Bedürfnis beim Tausch als eine gegebene, konstante Größe setzen. Wenn nun der Tauschwert eines Guts sich verändert, so ist es also vom Standpunkt dieser Vorstellungsweise aus naheliegend, die Erklärung einer eingetretenen Wertveränderung auf der Seite des Objekts zu suchen.

Als erster scheint Albertus Magnus diese Richtung eingeschlagen zu haben. Zwei Güter, lehrte er, seien dann wertgleich und ihr Austausch erscheine dann als ein gerechter, wenn gleiche Mengen von Arbeit und Kosten in ihnen stecken; die Größe dieses Aufwandes also sei es, was den Wert bestimmt. Thomas von Aquino folgte den diesbezüglichen Darlegungen seines Lehrers Albertus Magnus in fast wortgetreuer Übereinstimmung und diese Lehrmeinung der beiden großen Autoritäten ist in der ganzen Zeit der Scholastik die herrschende geblieben.

Damit man, wie es hier geschah, in der Gleichheit des Aufwandes von Arbeit und Kosten das Kennzeichen der wahren Wertgleichheit zu erblicken vermochte, hatte freilich erst eine Verschiebung in der moralischen Wertschätzung der Arbeit gegenüber der antiken Auffassung eintreten müssen. Solange Sklaverei herrschte und die Güterproduktion zu ihrem wesentlichen Teil der Sklavenarbeit verdankt wurde, waren Arbeit und Arbeit keine kommensurablen Größen. Für das Altertum war es ein unmöglicher Gedanke gewesen, der Arbeit des Freien und der des Sklaven ein grundsätzlich gleiches Verdienst zuzuerkennen. Die Konkurrenz der freien und der Sklavenarbeit brachte es mit sich, daß sogar die Philosophie, im Bann der landläufigen Vorurteile, die wirtschaftliche Arbeit des auch freien Mannes niedrig achtete. Aristoteles spricht nur mit größter Verachtung von aller Lohnarbeit, die er banausisch nennt. Und nicht anders als der Grieche dachte der Römer in diesem Punkt: Cicero redet von den „sordidi quaestus mercennariorum omniumque quorum operae non quorum artes emuntur“ (De officiis I, 42).

Ganz anders war die Auffassung, der das Christentum die Bahn gebrochen hatte. Schon unter den Kirchenvätern waren Stimmen laut geworden, die auf das Unwürdige der Sklaverei hinwiesen, und bald wurde die Ansicht allgemein, die Sklaverei sei widerchristlich, weil Gott alle Menschen nach seinem Ebenbild schuf. Dank dieser neuen Einstellung konnte man nun allmählich dazu gelangen, die menschliche Arbeit als einen einheitlichen Produktionsfaktor zu schätzen. Das Christentum pries die Ehre der Arbeit schlechthin; und noch mehr: es predigte, daß, wer nicht arbeitet, auch nicht essen soll.

Hatte man sich einmal in diese Anschauung hineingelebt, so war es für denjenigen, der ex professo die Frage untersuchte, wonach der Wert der Güter bemessen werden müsse, nur ein Schritt zu dem Postulat, das Albertus Magnus und Thomas von Aquino vertraten, daß nämlich dem Aufwand an Arbeit die Höhe des Entgelts proportional sein müsse. Diese Verhältnismäßigkeit zwischen Aufwand und Entgelt sei ein Gebot der Gerechtigkeit. Es galt also zu untersuchen, wonach sich dieses rechte Verhältnis bestimmt.

Die nächste Frage war dabei die, ob aller und jeder Aufwand

eines Lohnes würdig ist und welcher nicht. In dieser Hinsicht ist es bemerkenswert, daß in den Schriften der Scholastiker, anschließend an Albertus Magnus, wo von Arbeit und Kosten die Rede ist, die Schwierigkeit ganz übergangen erscheint, die der spätere Werttheoretiker darin fand, daß die individuellen Produktionsverhältnisse unter den Konkurrenten verschieden sind und der eine Produzent mehr Kosten und Arbeit als der andere daran wenden muß, um ein brauchbares Gut herzustellen.

Diese schematische Behandlung findet aber eine Erklärung in der damaligen Wirtschaftsverfassung. Denn die scholastische Pflege der Gelehrsamkeit stand in engem Zusammenhang mit der Kultur der Städte, deren damalige wirtschaftliche Blüte in erster Linie auf dem Gewerbefleiß der in den Zünften zusammengeschlossenen Bürger beruhte. Das Streben der Zünfte war aber darauf gerichtet, die größtmögliche Gleichartigkeit der Produktionsbedingungen bei den Zunftgenossen durchzusetzen, um zu verhüten, daß einer durch seine Konkurrenz den anderen schädige. Die Art der Werkzeuge, die Dauer des Arbeitstages, die einzelnen Verrichtungen mußten dem Reglement der Zünfte entsprechen. Die Gleichheit der Arbeiterlöhne war durch Taxen gesichert. Auch die Kosten des Rohmaterials sollten für alle Zunftgenossen gleich sein: bot sich einem die Gelegenheit zu besonders billigem Einkauf, so war er gehalten, die anderen hieran teilnehmen zu lassen. Selbst die natürliche Verschiedenheit des persönlichen Geschicks trat wenig hervor; denn die fertiggestellte Ware unterlag der zunftbehördlichen Schau, die kein Stück zu Markte gehen ließ, dessen Qualität den festen Normen nicht genügte. So konnte in der Tat der Aufwand an Arbeit und Kosten für die gewerblichen Produkte bei den einzelnen Meistern innerhalb einer Zunft im großen ganzen gleichgesetzt werden. Kontrovers war dagegen die Frage, ob und inwieweit auch die Arbeitsleistung des Handels Berücksichtigung bei der Berechnung des gerechten Preises verdiene. Die überwiegende Ansicht der Kirchenväter hatte die Frage verneint. Sie hatte dem Handel den Charakter eines gottgefälligen Erwerbszweiges abgesprochen. Der sichtbare Aufschwung der Kultur im 13. Jahrhuudert drängte aber die Scholastik allmählich dazu, dem kaufmännischen Streben nach Gewinn, dem die Städte ihre Blüte verdankten, doch mehr gerecht zu werden und in gewissem Umfang — die reiche Kasuistik der scholastischen Lehre zu dieser Frage ist hier ohne Belang; es genügt die Feststellung des Prinzips, das nun auch für die Zukunft anerkannt blieb — auch ein Entgelt für den Aufwand an rein kaufmännischer Tätigkeit in den gerechten Preis mit einzurechnen.

Die nähere Ausgestaltung dieses Grundsatzes war auch hier dadurch erleichtert, daß die individuelle Differenzierung der Betriebe noch keine sehr wesentliche Bedeutung hatte. Der Umfang des Gebiets, auf dem sich der Handel betätigen konnte, war noch ein relativ sehr beschränkter. Die meisten der vom Volk für den gewöhnlichen Gebrauch benötigten Waren wurden gemeinhin ohne Dazwischentreten eines Händlers von dem Produzenten unmittelbar an den Konsumenten verkauft. Die Aufgabe des Handels beschränkte sich noch großenteils auf die Vermittlung besonders kostbarer Erzeugnisse der einen Gegend, des einen Platzes nach einem anderen Platz, einem anderen Markt. Dieser Handel konnte nur betrieben werden auf Grund von Privilegien aller Art, die aber regelmäßig nicht einzelnen Personen zustanden, sondern den ganzen Städten, den ganzen Gilden. Die Kaufleute, die derselben Gilde angehörten, führten, wenn es sich um weite und unsichere Wege handelte, die Transporte von einem Platz zum anderen in gemeinschaftlichen Handelszügen aus, hatten im wesentlichen dieselben Mühen und Kosten, bestanden dieselben Gefahren. Und am Ziel der Reise angelangt, fanden sie wiederum gemeinsame Unterkunft und, auf Grund der Privilegien, einheitliche Absatzbedingungen.

Was endlich die Landwirtschaft betrifft, so kann und konnte freilich von einer Gleichartigkeit des Aufwandes an Kosten und Arbeit nie in derselben Weise die Rede sein wie bei Handel und Gewerbe. Allein bei der auch heute noch bestehenden Schwierigkeit, wenn nicht Unmöglichkeit, landwirtschaftliche Produktionskosten exakt zu berechnen, muß man sich bei der Frage der Kostendeckung auf diesem Gebiet überhaupt stets mit allgemeinen Schätzungen begnügen. Ein gleichartiges Ergebnis solcher Schätzung ergab sich zu jener Zeit aber um so leichter, als die landwirtschaftliche Technik innerhalb eines und desselben Absatzgebietes im ganzen stets auf der gleichen primitiven Stufe stand und die Konkurrenz verschiedener landwirtschaftlicher Produktionsgebiete an einem und demselben Markt infolge der schlechten Verkehrsverhältnisse kaum in Betracht kam.

Berufen, die Preisgestaltung zu regulieren, war in der Wirtschaftsverfassung des Mittelalters durchweg die Obrigkeit. Wenn in den Städten, in denen sich der Tauschverkehr der Zeit zu konzentrieren pflegte, diese Obrigkeit nicht einfach identisch mit der Leitung der Zünfte war, so stand sie doch unter ihrem Einfluß. Ihre Wirtschaftspolitik ging dahin, den Zunftgenossen die „Nahrung" zu sichern, das hieß, einen auskömmlichen Lebensunterhalt. Die Preispolitik diente diesem Ziel, indem sie die Preise so festsetzte, daß sie den Aufwand des Produzenten an Arbeit und Kosten zuzüglich eines Gewinnes einbrachten. Es sollte dabei ein gewisser Mindestumfang des einzelnen Gewerbebetriebes soviel abwerfen, daß der Betrieb noch lohnte und der Meister mit seiner Familie von ihm leben konnte. Diese Preispolitik der Obrigkeit befand sich in vollkommener Übereinstimmung mit den Geboten der Gerechtigkeit, wie diese von den Vertretern der Kirche verstanden wurde. Was die Scholastiker über das Wesen des justum pretium schrieben, war also keineswegs nur graue Theorie, sondern beherrschte und gestaltete die Praxis ihrer Zeit.

Theoretisch wie praktisch blieben, wenn auch in wechselndem Gewand, die Grundgedanken der scholastischen Wertlehre mächtig und am Leben, auch nachdem die Scholastik längst abgeschlossen war. Auch in der Reformationsbewegung wurde das Ideal der justitia pretii, so wie es sich in der Scholastik geformt hatte, kein anderes. Übereinstimmung in den ethischen Grundanschauungen, die hier in Betracht kommen, verbunden mit wesentlicher Übereinstimmung des Bildes der tatsächlichen Wirtschaftsverfassung, das man vor sich hatte, führte insbesondere bei den deutschen Reformatoren, so namentlich bei Luther, auch im einzelnen zu Meinungsäußerungen über den Tauschwert, die denen der Scholastiker vollkommen glichen.

Auch der Umstand hatte keinen sehr tiefgehenden Einfluß, daß seit dem Ende des Mittelalters die Pflege der Wissenschaften mehr und mehr von den Geistlichen auf die Laien übergegangen und verweltlicht war. Zwar wurde jetzt in der Laienwelt der Einfluß der Scholastik in weitem Umfang durch den Humanismus verdrängt, der mit dem Studium der Antike auch das Naturrecht der alten Philosophen und insbesondere die stoische Lehre wieder zu neuem Leben erweckte. Die geistige Führung innerhalb der Laienwelt übernahmen dabei, ähnlich wie es in der klassischen Zeit Roms der Fall gewesen war, wiederum die großen Juristen der Zeit. Aber auch der deutsche Rechtslehrer Pufendorf, der in der zweiten Hälfte des 17. Jahrhunderts schrieb und dessen Darlegungen über den Tauschwert und das Wesen des justum pretium lange Zeit in besonderem

Ansehen standen, erörterte das Wesen des justum pretium ganz in der Weise der Scholastik. Kosten und Arbeit seien maßgebend für die Wertgestaltung und auf ihnen beruhe auch der gerechte Preis; Abweichungen des augenblicklichen Marktpreises seien nur die Folge von Verschiebungen im Stand von Angebot und Nachfrage. Bemerkenswert ist aber, daß Pufendorf dabei, wie dies der höheren Entwicklung und Bedeutung namentlich des Handels seiner Zeit sichtlich entsprach, den Kostenaufwand sehr viel weitherziger behandelte als es die Scholastiker getan hatten. Namentlich ließ er auch die Einrechnung einer gewissen Risikoprämie gelten; denn auch der Handel müsse soviel abwerfen, daß der Produzent nicht gezwungen sei, sein Leben in Dürftigkeit zu fristen. Jeder erlaubte Broterwerb müsse seinen Mann ernähren können.

Dabei war es jener Zeit, der das Bestehen und die Berechtigung von Standesunterschieden völlig in Fleisch und Blut übergegangen war, ein selbstverständlicher Gedanke, daß die Zuteilung des Lebensunterhalts, wenn anders sie gerecht sein soll, Rücksicht auch auf Standesunterschiede nehmen müsse (vgl. oben S. 7). Bereits der Scholastiker Heinrich von Langenstein (gest. 1397) hatte gelehrt, daß die Obrigkeit zum Zweck einer wertgemäßen Feststellung der Preise abschätzen müsse, wieviel jedermann zur Aufrechterhaltung seines status brauche. In einer Weise, die heute etwas Belustigendes hat, hat diese Auffassung später Pufendorfs Zeitgenosse, der Ingolstädter Universitätsprofessor Caspar Manz vertreten und in ihre näheren Konsequenzen verfolgt[1]. In der Rechtsentwicklung jener

---

[1] Manz bespricht in seinem Buch über das Recht der Schuldverhältnisse die Frage, was einem zahlungsunfähigen Schuldner bei der Exekution als Kompetenz zu belassen sei, und verficht dabei den Grundsatz, daß die Menschen eine nach ihrem persönlichen Rang und Stand verschiedene Rücksicht verdienen: die Edelleute sollen (debent) vornehmere und delikatere Speise und Trank genießen als andere Menschen, und es müsse ihnen, falls der Gläubiger reich ist, sogar überhaupt so viel belassen werden, als sie zu einem standesgemäßen Glanz der Lebensführung bedürfen. Ein Doktor habe gleichfalls die Möglichkeit einer Lebensführung pro statu et dignitate anzusprechen, und so weiter mit mannigfachen Unterscheidungen bis herab zu den Bauern, die „kein Recht haben, von Weißbrot, Geflügel und anderen guten Sachen zu leben", sondern mit grobem Schwarzbrot, Käse, Zwiebeln und Bohnen sich zu begnügen haben (Patrocinium debitorum calamitate belli depauperatorum, Dec. III. qu. 3 § 11ff., 2. Aufl., Nürnberg 1640, S. 78ff.). Vgl. auch die Ausführungen l. c., Dec. I. qu. 8 § 65 über die standesgemäße Entlohnung persönlicher Dienstleistungen.

Zeit haben diese Auffassungen mannigfachen Niederschlag gefunden, namentlich im Steuer- und Zollwesen[1].

An die Möglichkeit zu glauben, daß eine naturgemäße Preisbildung, also eine solche, die in einem angemessenen Verhältnis zum normalen Aufwand des Produzenten steht, sich im Wirtschaftsleben von selbst durchzusetzen vermöge, waren Pufendorf und seine Zeit weit entfernt. Pufendorf vindizierte der Obrigkeit das Recht und die Pflicht, die Preisbildung in diesem Sinne zu regulieren, um so entschiedener, als er, der große Staatsrechtslehrer seiner Zeit, überhaupt den Gedanken der Omnipotenz des Staates systematisch begründete und energisch vertrat und so der merkantilistischen Wirtschaftspolitik der Zeit des Staatsabsolutismus die theoretische Grundlage schuf.

Pufendorfs Einfluß beschränkte sich nicht auf Deutschland. Namentlich in Frankreich fand er eine ganze Reihe bedeutender Nachfolger und Kommentatoren. Seine Doktrin von der Staatsomnipotenz war dem französischen Absolutismus nützlich und willkommen. Aber wenn inmitten der greulichen Mißwirtschaft des damaligen Frankreich der Absolutismus an dem Satz festhielt, daß der König der Staat ist, so war es auf der anderen Seite nur natürlich, daß sich der Haß, den das Königtum allmählich auf sich lud, nicht allein gegen die Person des Monarchen, sondern gegen die Allgewalt des Staates überhaupt richtete.

§ 3.
In der Aufklärungszeit und unter dem Einfluß der naturwissenschaftlichen Denkweise. Die Freihändler und der Sieg des Materialismus in der Wertlehre.

Die politischen und kulturellen Verhältnisse Frankreichs im 18. Jahrhundert gaben den fruchtbaren Boden, in dem der Gedanke keimte und zur Reife kam, mit den bislang mehr nur theoretischen Lehren des Naturrechts Ernst zu machen, sie auf ihre praktische Anwendbarkeit zu prüfen und sich schließlich mit Gewalt das zu erkämpfen, was man in dieser Zeit der „Aufklärung" für die natürlichen Menschenrechte hielt. Voltairescher Spott löste die Ehrfurcht vor dem Hergebrachten und steigerte zugleich das Selbstgefühl des Individuums. Die Überzeugung brach sich Bahn, daß es nur der

[1] W. Lotz, Finanzwissenschaft, Tübingen 1917, S. 265ff.

Befreiung des Individuums von allen hemmenden Schranken bedürfe, um ein goldenes Zeitalter der Menschheit anbrechen zu lassen.

Auch auf dem wirtschaftlichen Gebiet hatte die Reaktion auf die Mißerfolge des merkantilistischen Zuvielregierens den Gedanken ausgelöst, daß ohne die Anmaßung des Staates, der alles besser wissen wolle als der Interessent selbst, die Menschen, sich selbst überlassen, schon von selbst die richtigen Wege finden würden, die zu ihrer aller Wohl führen. Man verlangte die persönliche Freiheit des Individuums als ein Gebot des Naturrechts, als ein natürliches Menschenrecht, und man erwartete von der Verwirklichung dieses Verlangens einen Zustand der gesellschaftlichen Ordnung, in dem mit der Gewalt eines Naturgesetzes die Vernunft allein regiert. Die Herrschaft der Vernunft gewährleiste dann eine naturgemäße Entwicklung der Dinge.

Daß dieser Gedanke, in dem eine bedeutsame Umgestaltung der alten Naturrechtslehre lag, zur Herrschaft gelangen konnte, hing einigermaßen aber auch damit zusammen, daß inzwischen die Naturwissenschaften und die naturwissenschaftliche Denkweise zu größerer Selbständigkeit gelangt waren. Der Bahnbrecher war Bacon von Verulam (1561—1626) gewesen. Er hatte es — im bewußten Gegensatz zur Scholastik, die ihn nicht befriedigte — unternommen, die Wissenschaften auf der Grundlage naturwissenschaftlicher Forschungsmethode neu zu begründen. Voraussetzung hierfür war eine Anschauung, die alle Wissenschaften, also auch die vom Staats- und Gesellschaftsleben mit den Naturwissenschaften insofern in eine Reihe stellt, als sie überall das Vorhandensein von Gesetzen annimmt, die in der Natur der Dinge begründet sind, und die es nur eben aufzufinden gelte. So gewann der Begriff des Naturgesetzes für die Gesellschaftslehre einen bestimmteren Inhalt. Denn jetzt fand die Vorstellung Eingang, daß den Dingen auch auf diesem Gebiet schon von Natur treibende Kräfte innewohnen, denen eine analoge Bedeutung zukomme wie den in der äußeren Natur waltenden Naturgesetzen — als hätten mit anderen Worten die naturrechtlichen Ideale die Tendenz, sich mit gleichsam naturgesetzlicher Gewalt von selbst in die Wirklichkeit umzusetzen. Und damit empfing auch die Arbeitswerttheorie einen neuen Charakter.

Im Laufe des 18. Jahrhunderts trat diese Umbildung der Wertlehre bei einer Reihe von Schriftstellern in die Erscheinung, namentlich in Frankreich bei den Physiokraten. Sie waren die ersten, die die Freihandelslehre als Ausfluß des skizzierten naturrechtlichen Gedankengangs politisch verfochten. Ihr Programm der wirtschaftlichen Freiheit, die ihnen als Grundlage und Voraussetzung der wünschenswerten richtigen Preisgestaltung im Tauschverkehr galt, war freilich kein einheitliches. Die Physiokraten verlangten Freiheit der Konkurrenz nur auf dem Gebiet von Gewerbe und Handel. Dagegen sei für die Landwirtschaft ein Eingreifen des Staates mit künstlichen Maßnahmen notwendig, um die Preise auf der richtigen Höhe zu halten. Diese Verschiedenheit in der Beurteilung dessen, was zur Realisierung des wahren Wertes der Produkte der verschiedenen Produktionsquellen notwendig sei, hatte ihren Grund in der besonderen physiokratischen Ansicht, daß nur die Natur selbst, vor allem die Landwirtschaft in Wahrheit neue Werte erzeuge. Der Landwirt und nur der Landwirt erzeuge einen wirklichen Überschuß über den bloßen Ersatz der verbrauchten Güter, ein produit net. Der Überschuß fließe dem Grundbesitzer als solchem zu und dieser bringe ihn durch Einkäufe usw. unter die Leute. So lebe das ganze Volk in letzter Linie von der Landwirtschaft und es liege daher im Interesse des gemeinen Wohles, der landwirtschaftlichen Produktion eine dauernd hohe Rente zu sichern. Gewerbe und Handel seien dagegen „steril", sofern sie keine Vermehrung des Nationalreichtums, vielmehr nur die Umarbeitung und den Transport bereits vorhandener Stoffe bewirken; nur in diesem Bereich sei also das natürliche freie Spiel der wirtschaftlichen Kräfte am Platz, um der Möglichkeit schädlicher Gewinnbildung entgegenzuwirken.

Die Weiterbildung der naturrechtlichen Wertlehre erfolgte in England. Dort hatte John Locke eine naturrechtliche Rechtfertigung des Privateigentums gegeben (1689), indem er dem Menschen ein natürliches Recht auf das Erzeugnis seiner Arbeit zusprach und gleichzeitig die menschliche Arbeit für den weitaus wichtigsten wertschaffenden Faktor erklärte: untersuche man recht, welchen Anteil Natur und Arbeit an der Produktion aller Gebrauchsgüter haben, so finde man, daß 99 Prozent des gesamten Anteils auf den Faktor Arbeit entfallen. Es war naheliegend, aus diesem Gedankengang zu der Folgerung fortzuschreiten, daß die Ergebnisse des Güteraustausches den Anforderungen des Naturrechts nur insoweit entsprechen, als die durch die ausgetauschten Güter vergegenständlichte Arbeit bei den tauschenden Personen als gleich betrachtet werden kann. Auch die Lockesche Naturrechtsphilosophie führte so wiederum zu einem Ideal des gerechten Preises, das mit dem scholastischen Ideal, wenn auch in verschiedenem Gedankengang gewonnen, doch praktisch zusammenfiel: dem Ideal einer Übereinstimmung des Tauschwerts mit dem Arbeitswert.

Locke selbst hat diesen Gedanken aber nicht weiter verfolgt. Um so stärker trat sein Einfluß bei seinen Nachfolgern in die Erscheinung, vor allem, wenn auch keineswegs zuerst, bei Adam Smith, dessen Werk über den „Reichtum der Nationen" (1776) vermöge der inneren Konsequenz seines wirtschaftspolitischen Systems alle anderen volkswirtschaftlichen Schriften jener Zeit in den Schatten gestellt hat.

Auch Adam Smith, der „Vater der modernen Nationalökonomie", konstruierte in der überkommenen apriorischen Weise einen Urzustand der Menschheit, der unter der Herrschaft des Naturrechts gestanden habe. Er ging dabei von der Annahme gewisser Instinkte aus, die die „Natur" des normalen Menschen ausmachen sollen und aus deren Wirksamkeit daher die Art des wirtschaftlichen Zusammenlebens der Menschen in den vorhistorischen Zeiten zu deduzieren sei. In vorderster Linie unter diesen Instinkten stehe der Trieb eines jeden Menschen, seine Lebenslage zu verbessern, und ferner eine angeborene Neigung zum Abschluß von Tauschgeschäften mit anderen Menschen. Das Zusammenwirken dieser beiden Instinkte führe dazu, daß ein jeder, seiner Natur überlassen, die Güter beim Tausch nach dem Gesichtspunkt bewerten werde, wieviel Mühe ihre Herstellung verursacht. Es sei, durchdenke man dies näher, gar nicht anders vorstellbar, als daß der in der vollen Freiheit des Naturrechts nur seiner Vernunft gehorchende, urwüchsige Mensch beim Abschluß eines Tauschgeschäfts nur darauf sehen konnte, daß ein einzutauschendes Gut mindestens ebensoviel Arbeit koste als das wegzugebende.

Dieses natürliche Prinzip müsse sich auch auf der jetzigen Stufe der wirtschaftlichen Entwicklung wieder durchsetzen, sobald nur die Menschen Freiheit hätten, allein von ihrer Vernunft und ihrem gesunden Egoismus geleitet dem jeweils am meisten gewinnverheißenden Erwerbszweig zuzustreben; dann mache sich das innere Gesetz, das den Wert der Güter bestimmt, in folgender Weise geltend. Bleibt das Angebot irgendwelcher Güter hinter der ernstlich kaufwilligen Nachfrage zurück, so werden sich unter den Nachfragenden

Leute finden, die bereit sind, mehr als die anderen zu geben. Diese Konkurrenz bewirkt dann ein Steigen der Preise. Die Menschen werden also verlockt, mehr Arbeit oder Kapital oder Land als vorher für die Erzeugung solcher Güter zur Verfügung zu stellen, so daß das Angebot steigen muß, bis es die Nachfrage voll befriedigen kann. Damit müssen aber auch die Preise wieder sinken. Übersteigt das Angebot die Nachfrage, so ist der Verlauf der umgekehrte. Überlasse man also gemäß den Forderungen des Naturrechts den Markt der freien Konkurrenz, so ergebe sich von selbst eine immerwährende Tendenz zu einem mittleren Preis, der so beschaffen sei, daß auf jede seiner Komponenten — nämlich Arbeit, Kapital und Land — eine mäßige Gewinnrate entfällt.

Dieser mittlere Preis ist für Adam Smith der naturgemäße Preis (the natural price): er entspricht vom Standpunkt des Philosophen aus dem Ideal der Gerechtigkeit, weil er sich deduktiv aus den Prinzipien des Naturrechts ergibt, und er ist zugleich volkswirtschaftlich das Ideal, weil er jedem, der durch Arbeit, Kapital oder Landbesitz an der Produktion beteiligt ist, einen mäßigen Gewinn verspricht. Praktisch ist er identisch mit dem justum pretium der Scholastik. Aber die Begründung ist eine völlig andere geworden und dementsprechend ist auch der Weg ein anderer, der zur Verwirklichung des gerechten Preises gewiesen wird. Die Scholastik lehrte, der Starke soll den Schwachen nicht ausbeuten, und appellierte zum Schutz des Schwachen an die obrigkeitliche Gewalt. Dagegen das Naturrecht in der Gestalt, wie es sich jetzt entwickelt hatte, gestattete den Menschen nicht nur, sondern forderte von ihnen sogar, daß sie nach Möglichkeit ihren materiellen Vorteil verfolgen. Es weist folgerichtig auf den Weg der wirtschaftlichen Freiheit des Individuums bei grundsätzlicher Vermeidung jeder Staatseinmischung, die den Erwerbstrieb in Fesseln schlüge. Konsequenter als die Physiokraten verlangte Adam Smith aber die volle Freiheit von obrigkeitlicher Einmischung für alle Gebiete der Volkswirtschaft, auch für die landwirtschaftliche Produktion. Im industriellen England seiner Zeit fehlte der geistige Nährboden für eine geringere Wertschätzung von Handel und Industrie. Hier konnte und mußte die Freihandelslehre zu einem umfassenden System naturgemäßer Wirtschaftspolitik werden, dessen Grundsätze bei der Rohstoffproduktion keine Ausnahme erlitten.

Adam Smith wollte sein Buch über den Reichtum der Nationen

als ein Glied der gesamten naturrechtlichen Philosophie aufgefaßt wissen. Seine ganze Theorie eines wertgemäßen, in diesem Sinne richtigen, gerechten Preises wie auch sein wirtschaftliches Programm, das eine dementsprechende Preisgestaltung verwirklichen sollte, gehört in diesen Rahmen. Allein, so konsequent und so großzügig in seinen Grundlinien gerade dieses Programm gewesen ist, so bewegte sich doch gerade die Werttheorie bei Adam Smith noch in manchen wenig klaren, sogar widerspruchsvollen Konstruktionen, bei denen Kapital und Land bald als Verkörperungen und Träger von Arbeit gewertet werden, bald aber auch als wertkonstituierende Elemente besonderer Art neben der Arbeit figurieren. Erst Ricardo, der auf dieser Wertlehre weiterbaute, gab ihr ein einheitliches Fundament, indem er alles Kapital einschließlich auch des nutzbargemachten Grund und Bodens als aufgespeicherte Arbeit betrachten lehrte. Damit schien die objektive Wertlehre nun in volle Übereinstimmung mit dem modernen Wirtschaftsleben gebracht zu sein und Ricardo betrachtete seine Theorie denn auch ausgesprochenermaßen als das geistige Fundament des gesamten freihändlerischen Lehrgebäudes.

Welches Maß von Arbeitsaufwand bestimmt nun aber den Wert? Man hatte sich bis zu Ricardo im allgemeinen damit begnügt, ausdrücklich oder stillschweigend einen normalen Aufwand schlechthin als Grundlage des Wertes zu betrachten. Ricardo stellte aber den Satz auf, daß über den Wert eines Gutes diejenige Arbeitsmenge entscheide, die unter den ungünstigsten Umständen aufzuwenden ist, unter denen noch produziert werden muß, um den Bedarf zu decken. Derjenige Preis, der der unter den ungünstigsten Umständen noch erforderlichen Arbeitsmenge entspricht, ist für Ricardo de. natürliche Preis, um den die tatsächlichen Marktpreise pendelnr Das Schwanken der Marktpreise, verursacht durch das wechselnde Verhältnis der vorhandenen Gütermenge zu den Bedürfnissen der Menschen, bewirke eine entsprechende Bewegung der Kapitalprofite. Führt diese Bewegung dazu, daß ein Erwerbszweig höhere Gewinne abwirft als ein anderer, so werde Kapital aus dem weniger nutzbringenden Erwerbszweig zurückgezogen und in den rentableren hineingesteckt, bis schließlich die Vermehrung der Konkurrenz des Kapitals in diesem Erwerbszweig und die Verminderung der Konkurrenz in jenem die Gewinne in beiden Erwerbszweigen auf das gleiche Niveau bringt. Die Tendenz der Marktpreise, sich bei freier Konkurrenz dem natürlichen Marktpreis zu nähern, erscheint hiernach als identisch mit der Tendenz zur Ausgleichung der Kapitalgewinne.

Vom Kapitalgewinn unterscheidet Ricardo denjenigen Gewinnüberschuß, der dem Vorhandensein bevorzugter Produktionsbedingungen im Verhältnis zu den Konkurrenten verdankt wird. Dieser Gewinnüberschuß — Ricardo nennt ihn die „Rente“ — gehört bei Ricardo also nicht zu den Bestimmungsgründen des Wertes, sondern ist vielmehr eine Folgeerscheinung des jeweils gegebenen Preisstandes, die sich zugunsten nur des in den Produktionsbedingungen begünstigten Teils der Produzenten einstelle. Dieser Rente fehle somit jene volkswirtschaftlich nützliche Funktion, die der Kapitalprofit erfülle, nämlich die Funktion, die Kapitalverteilung unter den verschiedenen Erwerbszweigen ins Gleichgewicht zu bringen und damit die Tendenz nach dem natürlichen, dem Wert entsprechenden Preis auszulösen. Während der Kapitalprofit volkswirtschaftlich zu rechtfertigen und sogar notwendig sei — mit anderen Worten als natürlicher Bestandteil eines gerechten Preises angesehen werden darf —, sei also hinsichtlich der Rente das gerade Gegenteil der Fall.

Die besondere Bedeutung dieser Rententheorie lag in ihrer Anwendung auf die landwirtschaftliche Produktion. Der Wert der Bodenprodukte sei, lehrt Ricardo, ebenso wie der Wert aller Güter durch denjenigen Aufwand bestimmt, der unter den ungünstigsten Verhältnissen erforderlich ist, unter denen noch für die Bedarfsdeckung gearbeitet werden muß; er richte sich also nach den Verhältnissen des schlechtesten Bodens, der noch in Arbeit genommen werden muß. Dieser Boden selbst werfe keine Grundrente ab. Eine solche ergebe sich nur auf allen günstigeren Grundstücken, eben infolge ihrer natürlichen Vorzüge. Steigen die Preise der Bodenprodukte, so gehe also daraus hervor, daß zur Deckung des gegebenen Bedarfs zum Anbau ungünstigeren Bodens fortgeschritten wurde, dessen Produkte noch mehr Arbeit voraussetzen, als vorher unter den ungünstigsten Bedingungen erfordert war. Das Interesse der Grundbesitzer gehe somit im Gegensatz zu dem der übrigen Bevölkerung dahin, daß auch minderwertiger und immer minderwertigerer Boden zur Versorgung des Bedarfs in Bebauung genommen werden muß. So werden die Getreidepreise auf eine unnatürliche Höhe getrieben, damit die Rente des Bodens steige. Hatte der Physiokrat Quesnay seinerzeit gesagt, das Interesse des Handelsstandes sei dem der übrigen Bevölkerung entgegengesetzt, so schrieb Ricardo nun dem landwirtschaftlichen Grundbesitz (wobei insbesondere an den Großgrundbesitz gedacht war) ein solches gemeinschädliches Interesse zu. Diese Lehre Ricardos führte zum Kampf gegen alle Getreidezölle, da diese geeignet seien, jene ungerechte Preissteigerung zu fördern.

Schon unter dem Einfluß Adam Smiths hatte die Freihandelslehre ihren damaligen Siegeszug auch in der praktischen Politik angetreten. Ricardo aber, der das Programm des Freihandels mit noch größerer Schärfe vertrat als Adam Smith, lebte und lehrte bereits inmitten des gewaltigen Aufschwungs der Industrie, der dieser Umgestaltung der Wirtschaftspolitik in freiheitlichem Sinn verdankt war. Zahllose Gesetze waren jetzt beseitigt, mit denen der Staat früher künstlich, um der justitia pretii willen, das Erwerbsleben hatte regulieren wollen, die aber längst als überlebt und als drückende Fesseln empfunden worden waren. Jetzt herrschte in England weitgehende Freiheit für die Bewegung der Menschen wie für die des Kapitals.

Es war ein diametraler Gegensatz, in dem die Nationalökonomie dieser Zeit in ihrer herrschenden Richtung, die „klassische" Nationalökonomie, zu der seit der Scholastik herrschend gewesenen Auffassung stand. Für diese, die auch für die Staatspraxis des Merkantilismus maßgebend geblieben war, war es ein so gut wie selbstverständliches Axiom gewesen, daß zu den wichtigsten und notwendigsten Funktionen der Obrigkeit eine aktive Fürsorge für die Gestaltung des Wirtschaftslebens gehöre und daß die Sorge für eine auskömmliche Versorgung der Untertanen von Gottes und Rechts wegen das Leitmotiv dieser Funktion bilden müsse. Daß jetzt der Sinn für diese Funktion der Obrigkeit erloschen war, bedeutete aber, ins Werttheoretische übersetzt, daß jetzt auch der Sinn für die Beziehung der einzelnen Sachwerte zum Gesamteinkommen des wirtschaftenden Menschen verlorengegangen war, der die Werte erzeugt und sie umsetzen will. Wohl stellte man fest, daß zu dem Aufwand, der den natürlichen Preis bedinge, notwendig auch ein angemessener Gewinn für den Verkäufer gerechnet werden müsse. Aber damit hatten die Freihändler nur den Stückgewinn im Auge. Darnach, ob die Gesamtsumme der Stückgewinne, die eine Person in ihrem Betrieb erzielt, eine zur Lebensnotdurft oder gar zu einer standesgemäßen Lebensführung genügende Höhe erreicht, wurde nicht gefragt. Das Interesse am Schicksal der Person trat zurück gegenüber der Überzeugung, daß die möglichste Ellbogenfreiheit — ôte-toi que je m'y mette! — der Allgemeinheit am besten fromme. Jetzt interessierte die Eigenschaft der Güter, Wertträger zu sein, nicht mehr um der Personen willen, deren Einkommen sich aus den im Tauschverkehr erzielten Preisen zusammensetzt, sondern der Wert erschien jetzt als eine Funktion der Güter, der Objekte selbst, als eine diesen von Natur innewohnende Kraft (intrinsecus value, sagten die Engländer), die von den Objekten ausgeht und deren Geheimnis in den Objekten selbst steckt. Der Sieg dieser „objektiven" Werttheorien war der Sieg des Materialismus auf dem Gebiet der Werttheorie.

§ 4.
Die Reaktion des Gerechtigkeitsgefühls. Die Sozialisten; die päpstlichen Encycliken.

Allmählich zogen aber auch die Schattenseiten der neuen Politik die öffentliche Aufmerksamkeit auf sich, und zwar um so stärker, je radikaler sie gesiegt hatte, besonders stark daher in England. Sie bestanden vor allem in einer furchtbaren Verschlechterung der Lage der arbeitenden Klassen. Wo sich der Grundsatz der obrigkeitlichen Nichteinmischung, des laissez faire, ungehemmt durchgesetzt hatte, da standen einer rücksichtslosen Ausbeutung der Arbeitskraft vielfach keine anderen Schranken mehr entgegen — selbst nicht bei der Beschäftigung von Frauen und von Unmündigen bis zum zartesten Kindesalter herab — als die der physischen Unmöglichkeit. Es waren (besonders in den Fabrik- und den Bergwerksbetrieben) Zustände eingerissen, deren Unmenschlichkeit an die Zeiten der schlimmsten Sklaverei gemahnt.

Die freihändlerische Nationalökonomie suchte sich mit diesen Zuständen als mit einer Naturnotwendigkeit abzufinden. Mit einem gewissen Fatalismus lehrte insbesondere Ricardo auf dem Boden seiner allgemeinen Werttheorie, daß gegenüber den Marktpreisen der Arbeit, deren Gestaltung wie bei allen Gütern von dem Verhältnis des Angebots zur Nachfrage abhängt, auch hier, am Arbeitsmarkt, die stets zwingende Tendenz zur Herstellung des natürlichen Preises bestehe. Dieser natürliche Preis der Arbeit werde durch ihre notwendigen Produktionskosten bestimmt, durch diejenigen Kosten nämlich, welche der persönliche Unterhalt des Arbeiters nach Maßgabe der Sitten und Gebräuche jedes Volks und die Notwendigkeit seiner regelmäßigen (unverminderten und unvermehrten) Fortpflanzung verursachen. Lassalle nannte dies später „das eherne und grausame Lohngesetz“. Denn auf der einen Seite werde ein Herabsinken der Arbeitslöhne unter jenes Minimum auf die Dauer nur dadurch verhindert, daß dann Not und Elend die Arbeiterschaft so lange dezimieren müssen, bis infolge eben dieser Verminderung des Angebots an Arbeitskräften die Löhne wieder steigen. Umgekehrt sei es aber nicht möglich, daß sich die Lohnhöhe dauernd über jenem natürlichen Preis erhalte. Denn die Folge erhöhten Wohlstandes unter der Arbeiterschaft wäre eine Zunahme der Kinderzeugung, also ein Mehrangebot an Arbeitskräften, das auf die Löhne wieder drücken müsse. Die Verelendung der Arbeiterbevölkerung, die als traurige Begleiterscheinung des Aufschwungs der Industrie, speziell in England, eingetreten war und ständig weiter um sich griff, schien dieser Theorie nur allzusehr Recht zu geben. Sie führte drastisch vor Augen, daß durch eine volle Freiheit der Konkurrenz der wirtschaftlich Schwache der Ausbeutung durch den wirtschaftlich Stärkeren wehrlos preisgegeben war.

Die Schriftsteller, die sich auf die Seite des Proletariats stellten und den Kampf gegen dieses System aufnahmen, gingen von den gleichen theoretischen Grundgedanken aus wie die herrschende Lehre. Aber sie zogen aus ihnen andere Konsequenzen. Auch sie waren erfüllt von den naturrechtlichen Idealen. Vor allem stand auf ihrer Fahne das Postulat eines natürlichen Menschenrechts auf den Ertrag der eigenen Arbeit. Hierauf fußend, kämpften sie gegen die bestehende Güterverteilung, unter deren Herrschaft der lohnarbeitenden Bevölkerung die Früchte ihres Fleißes durch die Kapitalbesitzer vorenthalten seien. Welche Lehre hätte diesen Kampf mehr erleichtern können als die Ricardosche, die allen Güterwert als Produkt der menschlichen Arbeit aufgefaßt wissen wollte, also dem Kapital, das ihr ja lediglich als aufgespeicherte Arbeit galt, nur ein von der Arbeit abgeleitetes Verdienst um die Wertbildung zugestand! Und zugleich ließ sich mit Ricardos Arbeitswerttheorie auch die innere Notwendigkeit eines unversöhnlichen Antagonismus zwischen den Interessen der Lohnarbeiter und den Interessen der Kapitalisten beweisen. Denn wenn allein die Menge der zur Produktion erforderten Arbeit für den wahren Wert des Produkts maßgebend ist, so erscheint die Werthöhe als eine bestimmt gegebene Größe, die Arbeitslohn und Kapitalgewinn in sich einschließt und innerhalb deren das Steigen des einen Teils unweigerlich ein Sinken des anderen herbeiführen muß: der Kapitalgewinn kann nur steigen, wenn der Arbeitslohn sinkt, und umgekehrt. Mit anderen Worten, die Ricardosche Theorie unterstützt die Anschauung der sozialistischen Revolutionäre, daß aller Vorteil, den die Kapitalisten für sich erstreben, nur durch Ausbeutung der arbeitenden Klasse errungen werden könne und daß daher das Streben nach materieller Besserung der Lage der arbeitenden Klasse zum „Klassenkampf" gegen die Kapitalisten zwinge.

Während Ricardos Lehrgebäude auf dem Gedanken ruhte, daß das Prinzip des Güterumlaufs nach dem Arbeitswert, also das „natürliche" Prinzip, unter der Herrschaft der natürlichen Freiheit mit Notwendigkeit ganz von selbst zur segensreichen Wirklichkeit werden müsse, zogen also umgekehrt die Sozialisten aus ebenderselben Arbeitswerttheorie den Schluß, daß die unheilvolle Ausbeutung der Arbeit durch das Kapital, die jeder unbefangene Beobachter der Wirklichkeit zugeben müsse, die notwendige Folge einer Wirtschaftspolitik des grundsätzlichen Geschehenlassens sei und daß nur von einem gewaltsamen Eingriff des Staates eine Besserung erhofft werden könne. Das naturgesetzliche Moment war dergestalt den sozialistischen Wertlehren wieder abhanden gekommen und die ethische Tendenz, wie sie den früheren objektiven Theorien eigen war, trat wieder in den Vordergrund.

In diesem Geist vertraten die sozialistischen Theoretiker der ersten Hälfte des 19. Jahrhunderts die Arbeitswertlehre. Am schroffsten schrieben die Engländer. War doch in England durch die rasche Entwicklung der Großindustrie die moderne Arbeiterfrage bereits zu einer brennenden Frage geworden, während sie in den meisten Ländern des Kontinents über ihre Anfänge noch nicht hinausgekommen war. Doch auch in diesen Ländern standen die Vorkämpfer des vierten Standes vornehmlich auf dem Boden der Arbeitswerttheorie; nur fand sie hier bei den führenden Theoretikern, einem Sismondi in Frankreich, Rodbertus in Deutschland, eine immerhin gemäßigtere Weiterbildung.

Zu einer neuartigen Gestaltung gelangte die Arbeitswerttheorie erst wieder bei Karl Marx, der sich insbesondere in seinem Hauptwerk „Das Kapital" (1867) nicht auf die hergebrachten historischen, richtiger gesagt quasihistorischen Konstruktionen eines idealen Naturzustandes stützte, sondern der, als Schüler Hegels, in erster Linie rein logisch, mit scharfgeschliffener Dialektik, den Begriffen zu Leibe ging.

Der Grundgedanke aller objektiven Theorien war die aristotelische Vorstellung gewesen: die Tatsache, daß mehrere Waren zum Austausch miteinander kommen, nötige zu der Folgerung, daß in ihnen ein gemeinsames Etwas stecken müsse, das Wertgleichheit bewirkt (s. oben S. 22). Aristoteles selbst hatte diesen Gedanken nur cum grano salis verstanden wissen wollen. In der neueren Entwicklung hatte man ihm aber allmählich absolute Richtigkeit beigemessen. Marx endlich setzte ihn mit aller Schärfe als Ausgangspunkt an die Spitze seiner Untersuchungen. Diese Untersuchungen führten zu dem Satz, es sei „die zur Herstellung eines Gebrauchswertes gesellschaftlich notwendige Arbeitszeit, die seinen Wert bestimmt". Unter der gesellschaftlich notwendigen Arbeitszeit, die allein als wertbildend zähle, will Marx die Arbeitszeit verstanden wissen, die erforderlich ist, „um irgendeinen Gebrauchswert mit den vorhandenen gesellschaftlich-normalen Produktionsbedingungen und dem gesellschaftlichen Durchschnittsgrad von Geschick und Intensität der Arbeit herzustellen". Der Wert einer Ware verhalte sich somit zum Wert jeder anderen Ware wie die zur Produktion der einen Ware gesellschaftlich notwendige Arbeitszeit zu der für die Produktion der anderen Ware gesellschaftlich notwendigen Arbeitszeit.

Nach diesem ihrem wirklichen Wert seien tatsächlich in der vorkapitalistischen Zeit die Waren getauscht worden. Auch in der Gegenwart sei dieses Wertgesetz noch immer überall dort maßgebend, wo noch keine kapitalistische Produktionsweise sich entwickelt hat, die Produktionsmittel vielmehr der Arbeiterschaft selbst gehören. In der kapitalistischen Welt sei das Wertgesetz dagegen in seiner Wirksamkeit gehemmt infolge der Trennung des Arbeiters vom Eigentum an den Produktionsmitteln. Hier habe man es mit der in die Augen springenden Tatsache zu tun, daß der Kapitalist Waren produziert, deren Tauschwert höher ist als die Wertsumme der Produktionsmittel und der Arbeitskraft, für die er sein Geld ausgab, um sie zu seinem Produktionszweck zu vereinigen.

Die Erklärung dieses Phänomens findet Marx in dem eigentümlichen Wesen der Arbeitskraft. Ihr Tauschwert werde, wie die sinngemäße Anwendung des Wertgesetzes ergibt, bestimmt durch deijenige Arbeitszeit, die zur Produktion der zur Erzeugung der Arbeitskraft notwendigen Lebensmittel gesellschaftlich notwendig ist. Ihr Gebrauchswert aber bestehe darin, daß sie fähig ist, höheren Wert zu erzeugen als nur denjenigen, den sie selbst hat. Die Produktionsmittel, nämlich die Gebäude, Maschinen, Roh- und Hilfsstoffe, die in den Produktionsprozeß eingehen, können auf das Produkt nicht mehr Wert übertragen, als sie selbst besitzen. Marx nennt sie daher „konstantes" Kapital. Wohl aber vermöge die Arbeitskraft durch ihre Betätigung dem Produkt mehr Wert zuzusetzen als nur ihren eigenen. Sind nach obigem zum Beispiel sechs Stunden Arbeitszeit als Wert (Tauschwert) einer gewissen Arbeitskraft anzunehmen, so leiste der Arbeiter, der mit dieser Arbeitskraft zwölf Stunden Arbeit verrichtet, „Mehrarbeit" und produziere durch diese einen „Mehrwert" über den Wert seiner Arbeitskraft hinaus. Den in Arbeitskraft angelegten Teil des Kapitals nennt Marx um dieser Möglichkeit willen „variables" Kapital.

Was den Kapitalisten die Herstellung der Ware kostet, der „Kostpreis", der dem Kapitalisten nur den Ersatz seiner Auslagen gewährt, werde also gebildet aus der Summe des konstanten und des variablen Kapitalteils. Der Tauschwert der Ware aber werde gebildet durch Kostpreis plus Mehrwert und dieser Mehrwert falle vermöge der Rechtsordnung des kapitalistischen Wirtschaftssystems dem Kapitalisten zu. Dieser Zustand sei unnatürlich und müsse bekämpft werden. Das Mittel, ihn zu beseitigen, sei der Kommunismus. Werde durch dessen Sieg der natürliche Zustand einmal wiederhergestellt sein, so müsse das Wertgesetz als ein „Naturgesetz" (wie Marx es oft bezeichnet) seine volle Wirksamkeit wieder erlangen. Dann werde die Gestaltung des Entgelts für alle Leistungen im Tauschverkehr den Forderungen der sozialen Gerechtigkeit entsprechen.

Mit der Marxschen Werttheorie ist die Reihe derjenigen Theorien zu einem gewissen Abschluß gelangt, die den Tauschwert aus dem wie immer definierten Aufwand herleiten, den die Erzeugung eines Gutes erfordert, und die demgemäß den Grund der Wertgleichheit verschiedener Güter in der Gleichheit der Größe des in den Objekten steckenden Aufwandes erblicken. Allen diesen, den objektiven Theorien gemeinsam ist ein Ineinandergreifen und Zusammenfließen der Untersuchung der tatsächlichen Vorgänge, auf denen die Preisbildung beruht, und der Untersuchung dessen, was als erstrebenswertes Gebot der Gerechtigkeit erscheint. Die Ursache liegt in der „objektiven" Einstellung als solcher. Denn ist man von der Möglichkeit überzeugt, objektiv die letzten Gründe aufdecken zu können, die den Tauschwert eines Gegenstandes bestimmen, und glaubt man zugleich an die Meßbarkeit des Tauschwerts, so erscheint es als logisch, beim Austausch zweier Güter denjenigen Vertragsteil als geschädigt zu betrachten, der für das Gut, das er hingibt, eine Gegenleistung empfängt, deren Wert objektiv geringer ist als der Wert des hingegebenen Gutes. Ist dies richtig, so besteht aber auch mit zwingender Notwendigkeit ein innerer Zusammenhang, der von der Untersuchung der tatsächlichen Vorgänge der Preisbildung dazu führt, zu prüfen, ob das Ergebnis dieser Untersuchung auch vor dem Forum der Gerechtigkeit bestehen kann. Und dieser Zusammenhang zeigt sich in der gleichen Weise wirksam, ob es das Streben nach Gerechtigkeit ist, das bei den Untersuchungen der Wirklichkeit den geistigen Ausgangspunkt bildet (wie dies vor allem in der Scholastik der Fall war und es, soweit ihr wiedererstarkter Einfluß reicht, noch heute ist[1]) oder ob umgekehrt (wie bei den neueren weltlichen Philosophen und Nationalökonomen) der Drang nach Einsicht in die Realität des Wirtschaftslebens im Vordergrund steht und den Forscher leitet.

Ein logischer Zusammenhang besteht aber auch zwischen dem speziellen Standpunkt, von dem aus die tatsächliche Gestaltung von Wert und Preis des näheren beurteilt wird, und der speziellen Gestalt des Gerechtigkeitsideals, das der Beurteiler vertritt. Auf die radikale Arbeitswerttheorie, die, über Ricardo hinausgehend, Karl Marx aufgestellt hat, stützt sich das kommunistische Gerechtigkeitsideal, das dem Arbeiter unter Ausschluß eines Mitanrechts des Kapitalbesitzers das Recht auf den „vollen" Arbeitsertrag zuspricht. Dagegen mußte mit der scholastischen Lehre, die Arbeit und Kosten nebeneinander als die Elemente des Tauschwerts

---

[1] Von diesem, dem sozial-ethischen Standpunkt aus findet der christlich-sozial gerichtete Freiherr von Vogelsang den besonderen Vorzug der scholastischen Wertlehre darin, daß sie eben objektiv, daß bei ihr „der Subjektivismus ausgeschlossen" gewesen sei. („Die sozialen Lehren des Freiherrn Karl von Vogelsang." Grundzüge einer christlichen Gesellschafts- und Volkswirtschaftslehre aus dem literarischen Nachlaß desselben zusammengestellt von Dr. Wiard Klopp. St. Pölten 1894. S. 507ff.)

gelten läßt und deren Leitmotiv das Streben nach einer ausgleichenden sozialen Gerechtigkeit ist, ein solches Gerechtigkeitsideal harmonieren, das neben dem Arbeiter auch demjenigen, der die Kosten aufbringt, also dem Kapitalbesitzer, einen Anteil an dem Produktionserfolg gewährt.

Diese letztere Lehre erhielt auf dem Boden der neuzeitlichen Wirtschaftsentwicklung eine maßgebende Fassung durch Leos XIII. Encyclica Rerum Novarum vom 15. Mai 1891, „die Magna Charta, die sichere Unterlage aller christlicher Sozialarbeit", und durch die sie ergänzende Encyclica Quadragesimo Anno Pius' XI. vom 15. Mai 1931[1]. Unter nachdrücklicher Verwerfung einer „wertfreien" Wirtschaftswissenschaft verfolgen diese beiden päpstlichen Rundschreiben insbesondere das Ziel einer gerechten Gestaltung des Arbeitslohnes. Es gebe kein Recht auf den „vollen" Arbeitsertrag, weil ein Zusammenwirken von Kapital und Arbeit bestehe, und die gerechte Bemessung des Lohnes könne nicht nach einem, sondern nur nach einer Mehrzahl von Gesichtspunkten geschehen; diese seien der Lebensbedarf des Arbeiters und der Arbeiterfamilie, die Lebensfähigkeit des Unternehmens und die allgemeine Wohlfahrt. Sache der öffentlichen Gewalt sei es, dafür zu sorgen, daß jedem das Seine bleibt, indem sie alle Ungerechtigkeiten abwehrt und bestraft, eine Aufgabe, zu deren Erfüllung der Wiederaufbau berufsständischer Ordnung am besten diene.

§ 5.
Der Subjektivismus in der Wertlehre. Der Streit um die wissenschaftliche Berechtigung von Werturteilen.

Der Begriff des normalen Menschen bildete einen notwendigen und wesentlichen Bestandteil des Gedankengangs der objektiven Richtung. Denn wenn der normale Aufwand an Kosten und Arbeit für wertbegründend gilt, so kann der Aufwand doch nur insoweit als normal angesehen werden, als er auch für notwendig gilt zur Erzeugung eines nach normaler Beurteilung nützlichen Produkts. Eine solche „normale" Beurteilung läßt sich aber nur im Zusammenhang damit denken, daß die menschlichen Bedürfnisse

[1] Nach der Übersetzung beider Encycliken in den Veröffentlichungen der Görres-Gesellschaft, Sektion für Sozial- und Wirtschaftswissenschaft, 3. Heft.

eingeteilt werden können in normale, also die eines Normalmenschen, und in solche, die nicht in diese Kategorie gehören, somit nur individuelle Bedeutung haben. Wird der Begriff des normalen Bedürfnisses jedoch abgelehnt und geht man bei der Frage nach den Bestimmungsgründen des Tauschwerts von der Tatsache subjektiver Verschiedenheit der menschlichen Bedürfnisse aus („subjektive" Werttheorien), so heißt dies eo ipso auch auf eine objektive Werttheorie verzichten.

Die Tatsache, daß die Menschen Gütern, die technisch an sich in gleicher Weise verwendbar sind, doch unter verschiedenen Umständen eine verschiedene Nützlichkeit für ihre Zwecke, einen verschiedenen Gebrauchswert beimessen, wurde bereits von den Scholastikern keineswegs übersehen, vielmehr sogar häufig erörtert. Aber diese Erörterungen mündeten der Regel nach in dem Ergebnis, daß nur allein die indigentia communis, das normale Bedürfnis — allenfalls, wie bereits erwähnt, unter Berücksichtigung des status, jedoch ohne Rücksicht auf nur subjektive Verschiedenheiten — bei der Bestimmung des justum pretium maßgebend sein könne. In den Augen der streng bestimmten Anschauung der Scholastik mußte die Annäherung an eine subjektive Auffassung als eine Verfallserscheinung gelten.

Einen tiefgehenden Umschwung, eine bewußte und grundsätzliche Abkehr von der scholastischen Weltanschauung brachte die Zeit der italienischen Renaissance. Ein ungeheurer Widerspruch klaffte damals vor aller Augen zwischen der traditionellen Lehre einer absoluten Sittlichkeit und Gerechtigkeit und dem wirklichen Leben. In diesem regierte die skrupelloseste Herrenmoral und dem egoistischen Vorteil galt schlechthin alles als erlaubt. Der klassische Verkünder realpolitischer Lebensweisheit, die den geistigen Niederschlag dieser Zeit bildete, war Macchiavelli. In seinem (1532 erschienenen) Buch „Vom Fürsten" gab er der Überzeugung Ausdruck, daß „ein Mensch, der in allen Stücken zum Guten sich bekennen wollte, unter so vielen, die nicht gut sind, zugrunde gehen muß". Von immanenter göttlicher Gerechtigkeit war bei Macchiavelli keine Rede mehr, desto mehr aber von der unvermeidlichen Tatsache des menschlichen Egoismus und von der individuellen Verschiedenheit der menschlichen Bedürfnisse, mit der, gleichviel ob sittlich gut oder schlecht, auch der Philosoph sich auseinandersetzen und sich abfinden müsse.

Es war eine notwendige Konsequenz dieser neuen, realistischen Weltanschauung, daß jetzt auf dem Gebiet der Werttheorie eine subjektivistische Betrachtungsweise Eingang fand. Ihr erster ausgesprochener Vertreter war Macchiavellis engerer Landsmann, der Florentiner Davanzati, der nicht viel später schrieb und der von der Unmöglichkeit ausging, angesichts des ewigen Schwankens der Bedürfnisse stets auf dem Laufenden über die Wertverhältnisse zu bleiben. Auch in England gewann die realistische Denkweise an Einfluß, seitdem sich England als Handelsstaat entwickelte. Dort wies am Ende des 17. Jahrhunderts Barbon klar auf den Unterschied hin, der zwischen dem abstrakten Gebrauchswert, den man den Gütern um ihrer technischen Eigenschaften willen ohne Beziehung auf ein bestimmtes menschliches Subjekt beizulegen pflege, und der konkreten Nützlichkeit bestehe, die sich nach der wirklichen Bedürfnisempfindung jedes einzelnen Menschen bemesse. Wenn Barbon dann weiterhin dazu gelangte, jede innere Gesetzmäßigkeit der Wertbildung zu leugnen, so war dies nur die folgerichtige Weiterführung des Gedankens, daß der Wert von dem subjektiven Bedürfnis abhänge, dieses aber Sache der „imagination", also eine stetem Wandel unterworfene, unfaßbare Größe sei.

Diese Ausgestaltung der subjektiven Lehre fällt charakteristischerweise in eine Zeit, die in ganz besonderem Maße von Handelsgeist erfüllt war: es war die erste eigentliche Gründerära. Diese hatte unter der Regierung Wilhelms III. in dem rasch aufblühenden England eingesetzt und Barbon stand in ihr als waghalsiger Gründer und Spekulant an führender Stelle. Den Männern solcher Art pflegt nur der Erfolg zu gelten; für Werte, die sich nicht realisieren lassen, für einen Tauschwert, der vom wirklich zu erzielenden Preis abwiche, fehlt ihnen von vornherein das praktische Interesse und daher leicht auch der Sinn. Es ist verständlich, daß gerade in dieser Zeit und aus diesen Kreisen heraus ein Theoretiker auftrat, der im Gegensatz zu der überlieferten Ansicht die wesentlichste Eigenschaft der wirtschaftlichen Werte in ihrer Veränderlichkeit erblickte und den Glauben an die Möglichkeit verloren hatte, feste Gesetze für die Schwankungen der Preise zu finden.

Allein, so interessant, historisch betrachtet, diese Kritik der herrschenden Lehre vom subjektiven Standpunkt aus gewesen ist, so blieb ihr doch eine größere und nachhaltige Wirkung versagt. Das Denken und Fühlen der Zeit war viel zu sehr beherrscht und durchdrungen von den Idealen einer höheren Gerechtigkeit und einer absoluten Ethik, als daß ein Subjektivismus, der einen festen Zusammenhang mit diesen Idealen vermissen ließ, hätte innerlich befriedigen und tiefere Wurzeln schlagen können. Erst unter dem Einfluß der Philosophie Auguste Comtes, in der ersten Hälfte des 19. Jahrhunderts, gelangte die subjektive Richtung dazu, auch ihrerseits eine geschlossene Werttheorie aufzubauen. Comte sah in der Mathematik die Grundlage für alle anderen Wissenschaften. In deren natürlichen Hierarchie gebühre den Gesellschaftswissenschaften aber der höchste Platz. Er stellte die Theorie auf, daß die ganze geistige Entwicklung der Menschheit drei Phasen durchlaufe. Zuerst komme eine „theologische" Phase, in der jede Erscheinung der Außenwelt dem Menschen als Aktion übernatürlicher Mächte erscheint. In der nächsten, der „metaphysischen" Phase, suche der Mensch abstrakte Begriffe, um aus ihnen apriorisch die äußeren Erscheinungen zu erklären. Die höchste erreichbare Stufe sei aber die „positive", auf der man sich zunächst auf die Feststellung der realen Tatsachen konzentriere und dann aus diesen seine Schlüsse ziehe. Während die Naturwissenschaften auf dieser Höhe bereits angelangt seien, befinde sich die Volkswirtschaftslehre noch auf der metaphysischen Stufe: ihre herrschende Schule gehe von unwirklichen, abstrakten Ideen aus und komme denn auch tatsächlich zu einer Lehre, die mit der Wirklichkeit nicht übereinstimmt. Um zu einer wahren Wissenschaft, einer physique sociale, zu werden, müsse daher auch die Volkswirtschaftslehre den Weg der induktiven, „positiven" Methode einschlagen, den Bacon, Descartes und Galilei der wissenschaftlichen Forschung gewiesen haben.

Fand auch der materielle Inhalt der Comteschen Philosophie nicht viel Anklang, so war sie von desto größerem Einfluß auf die Methode der Geisteswissenschaften. Auch die volkswirtschaftliche Forschung begann nun, sich unter bewußter Abkehr von den Deduktionen der Naturrechtsphilosophie mehr und mehr der induktiven Methode zu bedienen. In der ersten Linie waren es mathematisch geschulte Köpfe — ein Cournot und Dupuit in Frankreich, ein F. B. W. Hermann in Deutschland —, die sich nun um exakte Formeln bemühten, in die sie das Gesetz der Nachfrage, also die Abhängigkeit der Preisbildung von der subjektiven Schätzung der Güter, zu bringen suchten. Und jetzt kam es auch (1854) zu der ersten systematischen „Grenznutzentheorie". Sie war, gleichfalls auf mathematischer Grundlage, dem Deutschen Gossen zu verdanken.

Gossen ging davon aus, daß die Größe des Werts eines Gutes gemessen werde durch die Größe des Lebensgenusses, den es verschafft. Was die Größe dieses Genusses selbst anbelangt, so gelte das Gesetz, daß die Größe eines und desselben Genusses, wenn er ununterbrochen fortdauert und fortgesetzt wiederholt wird, immer mehr abnimmt, bis zuletzt Sättigung eintritt. Eine Vermehrung des Vorrats von Gütern einer und derselben Art wirke also dahin, daß jedes neu hinzukommende Stück von gleicher Größe und Beschaffenheit einen geringeren Wert hat als die bereits vorhandenen Stücke, so lange, bis zuletzt Wertlosigkeit eintritt. Besteht ein Vorrat aus lauter untereinander gleichen Gütern, so könne aber keines von diesen einen größeren Wert haben als die anderen. Der Wert aller dieser einzelnen Güter werde daher bestimmt durch den geringsten Nutzen, der bei der Nutzung des ganzen Vorrats noch geschätzt wird. Jede Einheit habe also den Wert dieses (später so genannten) Grenznutzens. Diesen Grenznutzen und seinen Einfluß auf die Gestaltung des Tauschwerts suchte Gossen exakt zu berechnen und auf mathematisch genaue Formeln zu bringen.

Gossen war ein Mann von ausgesprochener Religiosität und es ist daher charakteristisch, daß er bei aller seiner exakt naturwissenschaftlichen Denkweise doch das Bedürfnis hatte, gewissermaßen die Probe auf die Richtigkeit seiner Werttheorie in der Weise zu machen, daß er ihr Ergebnis daraufhin prüfte, ob es auch ein gerechtes genannt werden dürfe. Er bejahte dies und kam dabei im Grunde wiederum auf das alte Ideal der objektiven Werttheorien hinaus, nur daß er dieses aus der bisherigen Perspektive des Produzenten in die des Konsumenten rückte: da nämlich ein jeder seine Einkäufe mit dem Ziel mache, ein Größtes von Lebensgenuß zu erlangen, so verteile er damit die Belohnungen unter die verschiedenen Produzenten genau in dem Verhältnis, in dem diese sich um seinen, des Konsumenten Lebensgenuß verdient gemacht haben; es müsse daher „als Endresultat sich ergeben, daß die Summe aller Belohnungen, welche jedem zufällt, genau dem Verdienst entspricht, welches der Mensch sich um die Erhöhung des Lebensgenusses seiner Mitmenschen erworben hat“. Gossen war nach seinen eigenen Worten des selbstbewußten Glaubens, auf diesem Weg für die Erklärung des Zusammenlebens der Menschen auf der Erde dasselbe geleistet zu haben wie Kopernikus für die Erklärung des Zusammenseins der Weltkörper im Weltenraum.

Gossens Buch blieb lange unbeachtet, bis zwei Jahrzehnte später in der englischen, der deutschen und der französischen Wertliteratur fast gleichzeitig drei Gelehrte auftraten (Jevons, Menger und Walras), die alle drei das Problem in überraschend ähnlicher Weise anfaßten, wie Gossen es getan hatte — eine Erscheinung, die übrigens deutlich dafür zeugt, in wie hohem Maß die Entwicklung der Werttheorien das historisch begründete Ergebnis des ganzen geistigen und kulturellen Milieus gewesen ist, dem ihre führenden Vertreter angehörten[1].

Jevons, ein Naturwissenschaftler, ging davon aus, daß, wo immer Mengenverhältnisse in Frage kommen, also auch bei Angebot und Nachfrage, deren Gesetze und Beziehungen notwendig mathematischer Natur seien. Für die Abhängigkeit des Wertes von der Nützlichkeit, die sich im selben Verhältnis verringere, wie sich der Vorrat eines Guts vergrößert, berechnet Jevons — und ganz ähnlich auch der Mathematiker Walras — Nützlichkeitskurven und schließlich eine „Gleichung des Maximalgenusses", die besagt, daß der Austausch von Gütern solange vorteilhaft und die Bedingung des Maximalgenusses dann erreicht sei, wenn „das Verhältnis der Dringlichkeiten der letzten befriedigten Bedürfnisse ... nach dem Tausch beiderseits gleich dem Preis ist". Hierbei ist ein Zustand vorausgesetzt, in dem freie Konkurrenz herrscht. Was Jevons und Walras mit ihren Untersuchungen bezwecken, ist aber nicht, die Richtigkeit dieses Grundsatzes der freien Konkurrenz zu beweisen, sondern ganz objektiv und voraussetzungslos zu zeigen, wie sich unter deren Herrschaft mit mathematischer Notwendigkeit die Preisbildung gestalten müsse. Ihre große Verbreitung in der Gegenwart verdankt die Grenznutzenlehre aber vor allem den Untersuchungen Carl Mengers, der unter Ablehnung der mathematischen Methode die psychologische Seite des Problems stärker herausgearbeitet hat. Dabei war Menger nicht weniger entschieden wie die Mathematiker und Naturwissenschaftler der Überzeugung, die Richtigkeit der von ihm aufgestellten Gesetze mit ebenso exakter Schlüssigkeit bewiesen zu

[1] Es ist dies der leitende Gesichtspunkt meines oben zitierten Buches über „Die geschichtliche Entwicklung der modernen Werttheorieen"; vgl. daselbst insbesondere die Zusammenfassung der Grundlinien dieser Entwicklung, S. 262ff.

haben, wie irgendwelche Gesetze im Bereich der Naturwissenschaften bewiesen sind.

Alle drei Forscher haben nachhaltigen Einfluß auf die weitere Entwicklung ausgeübt. Ihre Schulen, zu denen sich eine große Zahl der besten Köpfe unter den heutigen Werttheoretikern bekennen — die sogenannte österreichische Schule Mengers, die auf Walras zurückgehende „Lausanner“ Schule und die englisch-amerikanische, der in erster Linie Jevons die Richtung gegeben hat —, widmen sich der weiteren Durchbildung der subjektiven Wertlehre mit unermüdlichem Eifer. Auf ihre Leistungen näher einzugehen, ist hier aber nicht der Ort[1]. Denn so mannigfach die Meinungsverschiedenheiten sind, die sie untereinander trennen, so sind alle darin einig, das Problem des gerechten Preises, dessen Analysierung, und zwar von einem rein wissenschaftlichen Standpunkt aus, in den hier folgenden Ausführungen versucht werden soll, grundsätzlich und entschieden aus ihrem Forschungsgebiet auszuscheiden. Hatte noch Gossen nach einer ethischen Bestätigung für die Richtigkeit seines Wertgesetzes gesucht, so mußte die enge Verbindung von Volkswirtschaftslehre und Ethik, wie sie dem engen historischen Zusammenhang der Volkswirtschaftslehre mit der Naturrechtsphilosophie entsprach, notwendig verlorengehen, je mehr die Auffassung an Boden gewann, daß das Getriebe der Volkswirtschaft von eigenen, ihm innewohnenden Gesetzen — ähnlich denen der äußeren Natur — beherrscht sei; denn es liegt im Wesen von Naturgesetzen, daß sie jenseits von Gut und Böse, von Gerecht und Ungerecht stehen und ihre Auswirkungen keiner ethischen Bewertung zugänglich sind.

Viele unter den neueren Theoretikern der Volkswirtschaft wollen überhaupt jedes Werturteil — ein solches ist von dem Begriff des gerechten Preises offensichtlich nicht zu trennen — aus dem Bereich der Wissenschaft verweisen und deren Gebiet strikt auf die Erforschung und Darlegung der tatsächlichen Wirklichkeit begrenzen. Vor allem waren deutsche Gelehrte die Rufer in diesem Streit. Max Weber[2] erblickte in der Volkswirtschaftslehre eine Kulturwissenschaft, und zwar des näheren eine „Wirklichkeitswissen-

[1] Einen guten Überblick über den heutigen Stand der gesamten Wertlehre geben die Referate und Diskussionen über „Probleme der Wertlehre“ in den Schriften des Vereins für Sozialpolitik, Bd. 183/I (1931) und 183/II (1933).

[2] „Die ‚Objektivität‘ sozialwissenschaftlicher und sozialpolitischer Erkenntnis“ im Archiv für Sozialwissenschaft und Sozialpolitik, Bd. 19, u. a.

schaft", aus deren Wesen folge, daß sie sich durchaus und grundsätzlich enthalten müsse, Werturteile über die von ihr festgestellten Erscheinungen und Gesetze abzugeben. Brentano[1] stellte die knappe Formel auf, daß die Wissenschaft sich nur mit dem Seienden, nicht mit dem Seinsollenden zu beschäftigen habe, dies allerdings mit der wichtigen Einschränkung, es wäre eine Erniedrigung der Nationalökonomie als Wissenschaft, wollte man ihr nichts weiter als die kümmerliche Rolle des antiken Chores zugestehen, das Schauspiel des menschlichen Lebens nur mit Sprüchen nachträglicher Weisheit zu begleiten.

Aber ist es denn, auch von diesem Standpunkt aus gesehen, in der Tat richtig, die Beschäftigung mit dem Problem des gerechten Preises schlechthin abzulehnen?

Schon die Tatsache an und für sich, daß eine bestimmte Preisbildung aus gleichviel welchen Gründen für gerecht oder für ungerecht gehalten wird, gehört der Wirklichkeit an. Und auch diese Gründe selbst sind etwas tatsächlich Vorhandenes, etwas Seiendes. Sie sind auch zu verschiedenen Zeiten und unter verschiedenen Verhältnissen sehr verschieden gewesen. Ihre Erörterung betrifft daher in der Tat den Bereich des Wirklichen und ist somit ein Gegenstand, der wissenschaftlicher Behandlung nicht nur fähig, sondern auch bedürftig ist.

[1] Insbesondere in dem 1896 in der Zeitschrift Cosmopolis veröffentlichten Aufsatz „Über Werturteile in der Volkswirtschaftslehre", neu erschienen im Archiv für Sozialwissenschaft und Sozialpolitik, Bd. 33, 1911, S. 695ff.

Zweites Kapitel.

Die Abhängigkeit des Wertes von Staat und Recht.

§ 6.

Der Machtkampf um die Preisgestaltung. Das „Streben nach dem größtmöglichen Gewinn".

Jede Preisänderung, die, gleichviel aus welchem Grund, bei irgendeinem Gut eintritt, kann Preisänderungen auch bei anderen Gütern nach sich ziehen. Ändert sich der Getreidepreis, so kann dies auf den Brotpreis wirken, die Veränderung des Brotpreises auf die Fleischpreise, die Veränderung der Lebensmittelpreise auf die Lohnhöhe der industriellen Arbeiter, diese Veränderung der industriellen Selbstkosten auf die Preishöhe der erzeugten Waren und so fort bis ins unendliche und in allen nur denkbaren Variationen. Es ist, wie wenn man einen Stein ins Wasser wirft: das Wasser mag im ruhigen Zustand oder es mag ohnehin in Bewegung sein, jedenfalls verändert der Steinwurf irgendwie das Neben- und Übereinander der Wasserteilchen, die er trifft; wie weit diese Bewegung, in die die zunächst getroffenen Teilchen versetzt werden, sich fortpflanzt, hängt ab von dem Gewicht und dem Volumen des Steins und von der Stärke und Richtung des Wurfs, zugleich aber auch von undenklich vielen sonstigen Umständen, deren Vorliegen oder Eintreten diese Fortbewegung aufhalten, verlangsamen, ablenken, zurücktreiben oder auch beschleunigen kann.

Das Problem der Weiterwirkung von Preisänderungen besitzt in einer Hinsicht schon seit langer Zeit die Aufmerksamkeit der volkswirtschaftlichen Theorie, nämlich soweit es sich um die volkswirtschaftliche Wirkung der öffentlichen Abgaben, insbesondere der Steuern handelt. Längst werden in den Kulturstaaten keine Steuergesetze mehr erlassen ohne Prüfung der Frage nach ihren wirtschaftlichen Wirkungen. Diese Frage verbindet sich aber unausweichlich mit der weiteren Frage, ob die Art der steuerlichen Belastung des Volkes eine gerechte ist. Das Problem der Gerechtigkeit steht im Mittelpunkt aller Erörterungen über das Steuerwesen. Über die Grundsätze der steuerlichen Gerechtigkeit besteht viel Streit, nicht der geringste Streit aber darüber, daß der Staat die Möglichkeit wie die Pflicht hat, nach dieser Gerechtigkeit zu streben.

Das Streben nach steuerlicher Gerechtigkeit kann das Problem der Weiterwirkung von Preisänderungen nicht außer acht lassen. Denn wenn jemand zur Zahlung einer Steuersumme verpflichtet ist, er ist aber imstande und es gelingt ihm, diese Auslage zum Beispiel auf den Preis der Waren zu schlagen, die er verkauft, so daß ihm der Steuerbetrag von dem Käufer tatsächlich ersetzt wird, so belastet die Steuer in Wirklichkeit nicht ihn, den Steuerzahler, sondern diesen anderen. Die Sache stellt sich dann so dar, daß der Steuerzahler die Steuer gewissermaßen nur auslegt für jenen anderen, von dem er den Steuerbetrag ersetzt bekommt. Die Leistungsfähigkeit dieses letzteren kann aber ganz anders beschaffen sein als die von der Steuer unmittelbar erfaßte Leistungsfähigkeit des ersteren. Auch jener andere ist unter Umständen wieder imstande, sich bei einem Dritten Ersatz zu holen (ganz oder teilweise), der Dritte bei einem Vierten, der Vierte bei einem Fünften und so fort. Bei solcher Weiterwälzung der Steuern handelt es sich um außerordentlich komplizierte Vorgänge, deren Verlauf sehr oft ganz unübersichtlich ist und höchstens in seinen allernächsten Wirkungen vom Gesetzgeber vorausgesehen werden kann. Oft bleibt es ungewiß, wer überhaupt die eigentlichen „Steuerträger" sind, das heißt diejenigen, an denen die Last der Steuer schließlich hängenbleibt, und in welchem Verhältnis diese Last sich auf die verschiedenen Träger verteilt.

Als ein besonders anschauliches Beispiel möge die Bierbesteuerung angeführt sein, teils weil bei ihr die Überwälzungsvorgänge für die große Masse des Publikums unmittelbarer und leichter erkennbar sind, als es bei solchen Vorgängen sonst im allgemeinen der Fall ist, teils auch deshalb, weil das Problem der Steuerüberwälzung gerade an der Hand der Biersteuer eine besonders sorgfältige empirische Bearbeitung gefunden hat[1].

---

[1] Georg Schanz: „Zur Frage der Überwälzung indirekter Verbrauchssteuern auf Grund des bayerischen Malzaufschlags" in Schmollers Jahrbüchern für Gesetzgebung, Verwaltung und Volkswirtschaft im Deutschen Reich, 6. Jg., 1882, S. 563ff. Die Untersuchung (die später von Schanz und

Die Besteuerung des Bieres pflegt in allen Ländern, die eine solche besitzen, in der Weise zu erfolgen, daß der Fiskus die Steuer (nach gleichviel welcher Berechnungsgrundlage: als Rohstoff- oder als Geräte- oder als Würze- oder als Fabrikatsteuer) von dem Brauer einzieht. Der Brauer, der die Steuer bezahlt, ist aber als Geschäftsmann bestrebt, den Preis, um den er sein Bier verkauft, so zu berechnen, daß dieser neben allen anderen Spesen auch die Steuer hereinbringt und darüber hinaus noch einen Gewinn abwirft. Gelingt dies, so wird die Biersteuer — und dies pflegt der Absicht des Gesetzgebers zu entsprechen — tatsächlich nicht durch den Brauer, sondern durch seine Abnehmer aufgebracht; nicht des Brauers Leistungsfähigkeit, sondern die seiner Abnehmer ist in Anspruch genommen. Ob eine solche Überwälzung gelingt und inwieweit, hängt aber von vielerlei Umständen ab. Es handelt sich hier um eine Frage des kaufmännischen Geschicks und vor allem um eine Machtfrage.

Besteht ein heftiger Konkurrenzkampf unter den Brauern, so werden die Abnehmer, insbesondere die freien Wirte, möglicherweise imstande sein, der Überwälzung zu begegnen, indem sie ihren Lieferanten mit der Kündigung des Lieferungsverhältnisses drohen. Dann ist es aber keineswegs sicher, daß die Biersteuer an allen Brauereien gleichmäßig hängen bleibt. Denn bei einer Brauerei, deren technische Einrichtungen nicht den modernsten Anforderungen entsprechen, oder bei einer kleinen Brauerei, die schon um ihres bescheidenen Umfangs willen in mancher Hinsicht schwerer arbeitet als der Großbetrieb, kann durch diese Steuerlast unter Umständen eine derartige Steigerung der Produktionskosten herbeigeführt werden, daß die Konkurrenzfähigkeit beeinträchtigt wird. Es kann so kommen, daß die Biersteuer für manche Brauereien das Opfer ihrer ganzen Existenz bedeutet, während die anderen infolge des Wegfalls von Konkurrenten ihren Absatz vergrößern und dadurch einen gewissen Ausgleich für die erhöhte Steuerlast zu finden vermögen.

---

von Struve noch in einigen Aufsätzen weitergeführt wurde) gelangt zu dem Ergebnis: „Unser Bestreben war..., den thatsächlichen Wirkungen einer Verbrauchssteuer möglichst genau nachzugehen... Von einem glatten, einfachen Verlauf kann absolut keine Rede sein. Die verschiedenen Möglichkeiten der Überwälzung, wie Verschlechterung der Qualität, verbesserte Produktion in Verbindung mit Großbetrieb und Unterdrückung der kleinen und schwachen Betriebe, Kürzung des Gewinns beim Produzenten und Ausschänker, Steigerung der Preise kommen alle thatsächlich vor und es ist nicht ausgeschlossen, daß alle gleichzeitig im einzelnen Fall bruchstückweise zusammenwirken."

Haben die Brauereien untereinander Abreden getroffen, die ein gegenseitiges Unterbieten in den Bierpreisen ausschließen, so kommt es für die Möglichkeit der Steuerüberwälzung wesentlich darauf an, ob auf der anderen Seite die Abnehmer, zunächst die Wirte, derart organisiert sind, daß Macht gegen Macht gesetzt werden kann. Mitunter hat sich gezeigt, daß auch die Wirte und sogar das Publikum durch organisiertes Vorgehen („Bierkrieg") imstande sein können, die Überwälzung ganz oder teilweise von sich abzuwenden. Es kam nach Biersteuererhöhungen mitunter zwischen den Brauern, den Wirten und dem Publikum (namentlich den Arbeiterorganisationen) zu Vereinbarungen über eine Verteilung der Biersteuerlasten unter diesen drei Parteien. Das Verhältnis, in dem diese Lasten verteilt werden, wird wiederum unter verschiedenen Umständen ein verschiedenes sein.

Die Biersteuer kann auch bewirken, daß die Brauereien, ohne den Bierpreis zu erhöhen, Ersparnisse an den Produktionskosten zu machen suchen, um dadurch die Steuer wieder hereinzubringen. Kann zum Beispiel eine Herabsetzung der Arbeitslöhne aus Anlaß der Steuererhöhung durchgesetzt werden, so sind es die Brauereiarbeiter, die in Wirklichkeit von der Steuer belastet werden, und weiterhin können dann diejenigen Kreise, namentlich Kleinkaufleute und Wohnungsvermieter, den Druck der Biersteuer zu fühlen bekommen, die für den Absatz ihrer Erzeugnisse, die Vermietung von Wohnungen usw. auf jene Arbeiter und deren Kaufkraft angewiesen sind. Es ist aber auch möglich, daß es den Brauern gelingt, durch technische Verbesserungen im Betrieb diesen so zu verbilligen, daß allein hierdurch, ganz ohne sonstige Veränderungen, die Steuerlast ausgeglichen wird und weder die Brauereien selbst noch ihre Abnehmer usw. eine lästige Nachwirkung der Steuer erfahren; man pflegt in diesem Fall von einer Steuer*abwälzung* zu sprechen.

Je nach der Art der Machtverhältnisse ist es schließlich auch denkbar, daß eine Brauerei aus Anlaß einer Biersteuererhöhung den Bierpreis um einen höheren Betrag hinaufsetzt als denjenigen, der nur einfach der Steuer entspricht. Gelingt solches, so hat sie im tatsächlichen Ergebnis nicht nur keine Last zu tragen, sondern sie zieht aus dem Bestehen der Biersteuer sogar unmittelbar einen Gewinn.

Es liegt auf der Hand, daß alle diese Möglichkeiten sich noch sehr viel weiter ausspinnen lassen. Denn bei allen auch nur indirekt betroffenen Personen kann es ja wiederum in Frage kommen, ob und inwieweit die Belastung an ihnen hängen bleibt oder noch weitergewälzt wird. An jedem Ort und zu jeder Zeit können diese Vorgänge wieder zu einem anderen Ergebnis führen, weil eben die durch Umstände aller Art, auch solche rein persönlicher Natur, bedingten Machtverhältnisse immer und überall verschieden sind.

Wenn dergestalt von der Wichtigkeit der Machtfrage im Wirtschaftsleben ausgegangen wird, so bedeutet dies aber keineswegs die Meinung, als werde die Welt von einem allseitigen Willen auch zur größtmöglichen Ausnützung der einem jeden gegebenen Macht beherrscht. Die Meinung, die allerdings seit den Klassikern gelehrt zu werden pflegt, die Menschen seien von Natur von einem Streben nach größtmöglichem Gewinn beherrscht, bedarf vielmehr sehr der Einschränkung.

Auch soweit Gesetze oder sonstiger Zwang dem Gewinnstreben keine Schranke ziehen, ist die Wirklichkeit weit davon entfernt, eine allgemeine Herrschaft dieses Strebens zu zeigen. Wäre die psychologische Einstellung der Menschen zur Möglichkeit des Verdienens einer statistischen Aufnahme zugänglich, so würde diese zwar mit aller Wahrscheinlichkeit ein so gut wie allgemeines Streben nach Verdienst überhaupt feststellen, sicherlich aber nur eine beschränkte Verbreitung des Strebens nach größtmöglichem Gewinn, das heißt eines solchen, das sich von dem allgemeinen Streben nach Verdienst durch den Zug einer gewissen Unersättlichkeit unterscheidet. Zum deutlichen Ausdruck kommt dies schon allein in der sattsam bekannten Tatsache, daß bei den Erwerbsberufen neben dem Streben nach Selbständigkeit, die dem wirtschaftlichen Vorwärtsstreben ein freies Feld zur Erzielung von Gewinnen eröffnet, auch das Streben nach wirtschaftlicher Versorgung in festen Stellungen, möglichst mit Pensionsberechtigung, sehr stark verbreitet ist. Dieses letztere Streben pflegt in einer charakterlichen Einstellung zu wurzeln, die nichts zu tun hat und nichts zu tun haben will mit der Ruhelosigkeit des Geistes, ohne die ein fortgesetztes — nicht nur gelegentliches, ausnahmsweises — Streben nach größtmöglichem Gewinn, nach Aufspürung und Ausnützung aller Chancen, kaum denkbar ist.

Nicht einmal der Handelsstand, der der herrschenden Auffassung als das Prototyp des Geistes dieses Strebens nach größtmöglichem Gewinn gilt, zeigt eine solche Besessenheit. Es gibt unendlich viele Kaufleute, deren Unternehmungsgeist durchaus nicht dazu ausreicht, den Erwerbschancen aktiv nachzugehen, um sie bestmöglich für sich auszunützen. Sie erstreben nichts weiter als im gewohnten Rahmen ihres Standes leben zu können, lassen sich treiben, sind Änderungen ihres Betriebes, Umstellungen, die der Zeitgeist verlangt, schwer oder gar nicht zugänglich. Und dies gilt auch keineswegs nur von der Masse der kleinen Leute, der persönlich unbedeutenden Vertreter ihres Standes, sondern auch von den großen Kaufleuten. Das Bild eines „königlichen“ Kaufmanns entbehrt sogar der Vollständigkeit, wenn es nicht auch den Zug des Maßhaltens aufweist, wie ihn schon das soziale Pflichtbewußtsein verlangt.

Und ist nicht das Dasein aller der Gesetze selbst, die dem Streben nach größtmöglichem Gewinn Zügel anlegen, ein Beweis gegen die Allgewalt oder auch nur die Vorherrschaft dieses Strebens? Gewiß wären seine von den Gesetzgebungen mißbilligten besonderen Auswüchse nicht denkbar ohne den Untergrund seiner weiten Verbreitung. Wer wollte diese bestreiten! Allein die Geschichte dieser Gesetzgebungen zeigt, daß einer Partei derjenigen, die im Geist der klassischen Lehre das gesetzgeberische Vorgehen möglichst beschränken wollen, weil nämlich das Streben nach größtmöglichem Gewinn die natürliche Grundlage des Wirtschaftslebens sei, stets, heute wie ehedem, eine große Partei derjenigen gegenüber steht, die von ehrlicher Verständnislosigkeit und Abneigung gegenüber diesem Streben beseelt sind. Der Unterschied der geistigen Einstellung, der diese beiden Parteien trennt, ist aber demjenigen nahe verwandt, der auch dem Für und Wider beim Kampf um eine justitia pretii zugrunde liegt. Denn wer der Überzeugung lebt, daß die Natur dem Menschengeschlecht ein Streben nach größtmöglichem Gewinn eingepflanzt habe, dem muß die obrigkeitliche Beschränkung dieses Strebens grundsätzlich als Eingriff in ein natürliches Menschenrecht erscheinen.

§ 7.
Steuerüberwälzung und allgemeine Preisüberwälzung. Die Fiktion des gemeinen Werts.

Zwischen den Fällen der Steuerüberwälzung und den Fällen jeder beliebigen sonstigen Kostenüberwälzung besteht kein wesentlicher grundsätzlicher Unterschied. Ein kaufmännischer Betrieb rechnet die Steuern, die er zahlen muß, nicht anders — sei es zu seinen allgemeinen Betriebskosten oder zu den speziellen Gestehungskosten eines Erzeugnisses — wie irgendwelche sonstigen Betriebs- oder Gestehungskosten. Insbesondere eine Erhöhung dieser Kosten um soundso viel Prozent wirkt nicht anders auf die Berechnung des Verkaufspreises für das Erzeugnis, auf die Möglichkeit, Löhne zu zahlen, auf das Verhältnis zu den Lieferanten usw., wenn die Verteuerung durch die Erhöhung irgendeiner Steuer ausgelöst worden ist oder durch eine Verteuerung des Ankaufspreises, der für das Rohmaterial oder die Maschinen bewilligt werden mußte, oder durch eine erfolgreiche Lohnbewegung der Arbeiterschaft oder durch eine erhöhte Belastung an Hypotheken- oder Bank- oder Mietzinsen oder durch was immer sonst. Das eine Mal setzt sich die Selbstkostenerhöhung glatt in eine (gleichviel, ob ganz oder nur teilweise) entsprechende, zuweilen auch in eine übermäßige Erhöhung des Verkaufspreises um, so daß sie dann auf die Schultern des Beziehers übergewälzt ist. Wenn dies nicht gelingt, so kann es sein, daß ein Lieferant sich genötigt sieht, nun billiger zu liefern, weil der Kunde, der irgendwie die Selbstkostenerhöhung wieder einsparen will, ihm droht, zu einem Konkurrenten zu gehen; oder es müssen sich die Angestellten eine Lohnverringerung gefallen lassen, weil das Geschäft sonst unrentabel werden müßte usw. Es lassen sich zahllose mögliche Kombinationen ausdenken, für die das praktische Leben täglich Beispiele liefert. Aber wie immer sich diese wirtschaftlichen Kämpfe aller gegen alle abspielen und zu welchen Ergebnissen sie führen, immer ist es eine ganz interne Frage und für das praktische Ergebnis ohne wesentlichen Belang, ob die eingetretene Erhöhung der Selbstkosten aus einer Buchung auf dem Steuerkonto oder aus irgendeinem anderen Blatt in den Geschäftsbüchern hervorgeht. Das Problem der Steuerüberwälzung erscheint, so betrachtet, nur als ein Ausschnitt aus dem umfassenderen Problem der Preisüberwälzung, in das alle und jede Preisbildung — das Wort „Preis" im weitesten, jede Art von Entgelt für irgendwelche Leistungen einschließenden Sinn verstanden — verflochten ist.

Dabei muß sich freilich die Frage aufdrängen, ob denn nur die Preisüberwälzung ein Problem darstellt und ob nicht auch ein erster Ausgangspunkt aller Preisbildung und aller Preisüberwälzung zu suchen ist[1]? Mit anderen Worten, ob es nicht auch Preise gibt oder geben kann, deren Verständnis nicht erst dadurch bedingt ist,

[1] O. Morgenstern spricht von der „Geburt der Preise" (Schriften des Vereins für Sozialpolitik, Bd. 183/I, 1931, S. 18).

daß die Höhe bzw. eine Veränderung anderer Preise zu ihrer Erklärung mitherangezogen wird? Primäre Preise, die lediglich Grundsteine anderer Preisbildungen sind, ihren eigenen Ursprung aber restlos in sich selbst tragen?

Man versuche sich den Fall zu konstruieren, daß aus dem Nichts mit einem Male eine ganz neue Ware auftauche und ihren Einzug in das Wirtschaftsleben halte; man denke sich zum Beispiel, es falle ein Regen von Meteoren vom Himmel, die aus einer den Erdbewohnern bisher unbekannten Masse bestehen und Eigenschaften aufweisen, die völlig neuartige Möglichkeiten der Verwendung für menschliche Zwecke eröffnen. Dennoch läßt es sich schlechthin nicht ausdenken, wie es möglich sein könnte, daß diese Himmelskörper bei ihrem Eintritt in das irdische Wirtschaftsleben Preise mitbrächten, deren Höhe nicht unmittelbar dadurch bestimmt wäre, daß eben die Preise schon vorhandener anderer Waren so und so hoch sind. Zum allermindesten wäre der Preisbildung der vom Himmel gefallenen Ware schon dadurch eine Grenze gezogen, daß die durch das Zusammenwirken aller bestehenden Preise, Löhne usw. bedingte Kaufkraft der Bezieher von einer begrenzten Stärke ist. Nur wenn das neue Gut so allgemein, so reichlich, so ohne weiteres verfügbar wäre wie die Luft, wäre es auch unabhängig von aller bisherigen Preisbildung im Verkehr; dann aber wäre es eben, gerade wie die Luft, überhaupt kein Gegenstand des Tauschverkehrs.

Es gibt keinen Preis, dessen Höhe nicht darauf beruht, daß andere Güterpreise so und so gestaltet sind. Es kommt immer wieder auf die Erkenntnis hinaus, daß der Preis eines Gutes niemals isoliert zu erklären ist, sondern stets nur durch die Heranziehung der Preise anderer Güter, aus denen er errechnet werden kann und mit denen er verglichen werden muß.

Diese wechselseitige Abhängigkeit aller Preise untereinander besagt aber nichts anderes, als daß eine letzte Ursache der tatsächlichen Preisgestaltung überhaupt nicht gefunden werden kann. Diese letzte Ursache suchen heißt das letzte Glied einer unendlichen Kette suchen, die Länge einer unendlichen Linie messen wollen. Sie ist eine Fata Morgana, die sich immer weiter entfernt, je weiter man ihr nachgeht. Dieses Nichtwissen offen zu bekennen, tut der Würde der Wissenschaft keinen Eintrag. Gerade diejenigen Vertreter der Volkswirtschaftslehre, die diese in eine Linie mit den Naturwissenschaften stellen wollen, mögen nicht vergessen, daß auch die Naturwissenschaften manches Ignorabimus feststellen, ohne sich dessen zu scheuen. Will gerade die Volkswirtschaftslehre allwissend sein?

Auch der sogenannte „gemeine“ Wert, den die herrschende Theorie als eine Realität zu behandeln pflegt und für den sie insbesondere in Anspruch nimmt, daß er im Gegensatz zu dem bloß „seinsollenden“ gerechten Preis ein „Seiendes“ darstelle, ist in Wahrheit nichts weiter als eine Fiktion. Die Waren, die Grundstücke, die Wertpapiere, die in einer Bilanz zu ihrem gemeinen Wert (Marktwert, Börsenwert) aufgenommen sind, pflegen den ausgewiesenen Wert bestenfalls dann zu besitzen, wenn und weil ihre Realisierung bloß in einem bescheidenen Umfang erfolgt. Die Irrealität dieses Werts tritt in dem Augenblick zutage, wenn die bilanzierenden Besitzer dieser und gleichartiger Objekte oder auch nur ein erheblicher Teil von ihnen gleichzeitig den Versuch machen, diese Güter zu verkaufen, ja regelmäßig schon dann, wenn auch nur eine einzige Person für sich allein einen verhältnismäßig großen Besitz abzustoßen sucht. Es zeigt sich dann, daß alle diese „gemeinen“ Werte nur auf dem Papier stehen und keinerlei Bestand vor der Wirklichkeit haben.

Freilich ist die Fiktion des gemeinen Werts für die Praxis des Rechts- und Wirtschaftslebens schlechthin unentbehrlich. Sie ist Voraussetzung und Grundlage jeder Vermögensaufstellung. Kein Bilanzieren, keine klare kaufmännische Geschäftsführung wäre ohne sie möglich. Wäre die Fiktion des gemeinen Werts nicht ohnehin gebräuchlich, so würde schon der Fiskus sie erfinden, um praktisch brauchbare Unterlagen für die Besteuerung zu schaffen.

§ 8.
Die Rechtsbedingtheit des Wertgedankens.

Das Verhalten des Publikums gegenüber den Vorgängen der Preisüberwälzung im allgemeinen und denen der Steuer- (und Zoll-) Überwälzung im besonderen zeigt gemeiniglich eine nicht zu verkennende Verschiedenheit. Jede Erhöhung einer Steuer, sei sie auch noch so geringfügig, pflegt in normalen Zeiten auf das eifrigste erörtert und wegen ihrer (wirklich oder vermeintlich) verteuernden Wirkung auf die Preisgestaltung und die persönliche Lebenshaltung überaus schwer genommen zu werden. Bei allen Steuergesetzen ist es eben ohne weiteres klar, daß sie gewillkürte Akte sind, die so oder anders sein können, je nach dem Maß der Einsicht und des guten

Willens der gesetzgebenden Gewalt, und daß daher für ihre Auswirkungen die Regierung verantwortlich gemacht werden kann, deren Handlungen zu diskutieren und zu kritisieren sich mehr oder weniger jedermann für berufen hält. Das Publikum pflegt aber die selben Erscheinungen der Preisgestaltung, wenn sie aus anderen Ursachen stammen, und selbst wenn es sich um weit größere Preisverschiebungen handelt, mit unvergleichlich größerer Gelassenheit aufzunehmen und sich mit einem gewissen Fatalismus in sie zu fügen. Ist doch die Preisbildung am freien Markt, soweit sie sich ohne steuerliche oder sonstwie sichtbare Eingriffe der Obrigkeit vollzieht, ein Vorgang, der schon in seinen nächstliegenden, geschweige denn in den entfernteren Ursachen und Zusammenhängen für die große Masse des Volkes meist nur schwer oder gar nicht zu übersehen ist. Nur wenn etwa im einzelnen Fall der Verdacht rege wird, daß sittlich verwerfliche, insbesondere wucherische Einwirkungen im Spiele sind, die zu Preisverteuerungen führen, dann pflegen sich die Leidenschaften zu entzünden.

Eine analoge Verschiedenheit in der Einstellung zu den Überwälzungsvorgängen zeigt sich aber auch in der Wissenschaft.

Über das Problem der Überwälzung von Steuern und Zöllen sind sehr sorgfältige systematische Untersuchungen von grundsätzlicher Bedeutung in ansehnlicher Zahl vorhanden. Es fehlt aber an grundsätzlichen Erörterungen des allgemeinen Problems der Kostenüberwälzung. Wohl haben verdienstliche Einzeluntersuchungen über die Preisbildung viel Material zur Klärung der Kostenüberwälzungsfrage beigebracht[1]; zum Beispiel das Verhältnis der Preise des Großhandels zu denen des Kleinhandels, die Wirkung einer Erhöhung oder Verringerung der ersteren auf die Kleinhandelspreise ist ein ständiger Gegenstand der Besprechung in volkswirtschaftlichen Lehrbüchern und Vorlesungen. Aber das Problem der Kostenüberwälzung in seiner prinzipiellen Bedeutung beansprucht in der volkswirtschaftlichen Literatur nur einen verhältnismäßig sehr bescheidenen Raum.

Es ist dies ein Widerspruch in der Behandlung der Überwälzungsmaterie, der auffallen muß. Aber er läßt sich erklären, wenn man folgendes bedenkt. Die Klassiker waren von einem gleichsam natürlichen Zustand der Volkswirtschaft ausgegangen. Sie betrachteten

[1] So in der großangelegten Enquete des Vereins für Sozialpolitik „Untersuchungen über Preisbildung" (Schriften des Vereins, Bd. 139—146). Vor allem sind solche Untersuchungen in der amerikanischen und in der englischen volkswirtschaftlichen Literatur sehr zahlreich.

jede absichtliche Einwirkung des Staates auf das Wirtschaftsleben als etwas Künstliches, das theoretisch beiseite gelassen, weggedacht werden kann und muß, wenn man jenen „natürlichen“ Zustand der Volkswirtschaft herausdestillieren will, der die Gesetze, die das Wirtschaftsleben beherrschen, klar erkennen läßt. Auf diesem Boden glaubten sie das Rätsel des Tauschwerts und damit auch das Problem der Preisschwankungen gelöst zu haben, so daß daneben eine Analysierung der tatsächlichen Preisüberwälzungsvorgänge kaum noch grundsätzliches Interesse bieten konnte. In dieses Lehrgebäude paßt aber die Steuerüberwälzung nicht hinein. Die Steuer beruht auf einem Eingriff des Staats in den „natürlichen“ Ablauf des Wirtschaftslebens überhaupt und der Preisgestaltung insbesondere. Sie ist also in Grund und Wesen etwas anderes als jede Preisveränderung, die eine Folge der Konjunktur im freien Verkehr ist. Die Wirkung staatlicher Eingriffe, also eben das Steuerüberwälzungsproblem ist folglich etwas, was eine andersgeartete Behandlung beansprucht als das Problem des natürlichen Werts. Dieser Unterschied der Steuerüberwälzung von der allgemeinen Preisüberwälzung mußte sich vollends ausprägen, nachdem man begonnen hatte, die steuerlichen Überwälzungsvorgänge daraufhin zu betrachten, welche Steuern vermöge der Art ihrer Auswirkung auf die Preise politisch zu befürworten sind und welche nicht. Denn es erschien zwar als selbstverständlich, daß man bei solchen praktischen politischen Überlegungen nach „Gerechtigkeit“ strebt; jedoch nach Gerechtigkeit auch in der sonstigen, der konjunkturell bedingten, also „natürlichen“ Preisbildung zu suchen und zu streben, erschien den Klassikern und ihren Nachfolgern als völlig abwegig.

Bei dieser Einstellung wird aber verkannt, daß auch der freie Marktverkehr und die auf seiner Grundlage sich vollziehende Preisgestaltung das Ergebnis von Rechtsnormen ist, deren Geltung auf dem Willen und der Macht des Staates beruht und die auf dem Weg der Gesetzgebung, also der Einwirkung von Staats wegen auch anders gestaltet werden könnten und dann auch andere Wirkungen auf die Preisgestaltung herbeiführen würden.

Das ganze wirtschaftliche Leben vollzieht sich in den Geleisen der Rechtsordnung. In ihr finden die Machtbestrebungen der Individuen im Wirtschaftsleben ihre Schranken, und das Streben nach Gerechtigkeit sucht in ihr seine Objektivierung. Wenn auch nur zwei Personen im Frieden zusammenleben, so gilt für sie ein wenn auch noch so primitiver Rechtszustand; denn das friedliche Zusammenleben müßte in dem Augenblick von selbst aufhören, wenn jeder zu jeder Zeit nehmen wollte und nehmen könnte, was der andere gerade hat oder haben will. Das Nichtzugreifendürfen, das So oder so handeln müssen mit Rücksicht auf den Willen anderer bedeutet schon eo ipso eine Rechtsordnung.

In einem hochentwickelten Gemeinwesen stellt die Rechtsordnung ein ungemein reichgegliedertes System dar, das sich aus der Gesamtheit der jeweils geltenden Gesetze und gewohnheitsrechtlichen Übungen und der auf ihrem Boden ergangenen Verordnungen und Verwaltungsmaßnahmen zusammensetzt. Unzählige, unendlich vielgestaltige private Festsetzungen bestehen auf dieser Grundlage und entstehen fortgesetzt, die den Zweck haben, die wirtschaftlichen Verhältnisse der Menschen im einzelnen zu regeln. Wird eine Rechtsnorm durch Zuwiderhandeln verletzt, so ist es wiederum die Rechtsordnung, die prozessual und materiell den weiteren Verlauf des Falles bestimmt. Auch verfehlte Normen üben, sofern sie nur in Kraft getreten sind, Wirkungen aus, wenn diese Wirkungen auch andere sein mögen als die beabsichtigten. Und selbst wenn eine bestehende Rechtsordnung umgestürzt wird und die Willkür des oder der tatsächlichen Machthaber herrscht, dann geht das wirtschaftliche Leben eben auf dem Boden dieser willkürlich neugeschaffenen Ordnung weiter, mag dieser Boden auch vielleicht schwankend und unsicher sein.

Die Kräfte der Natur gehorchen ihren eigenen, ewigen Gesetzen, den Naturgesetzen. Die Fruchtbarkeit der Erde, die Vermehrungsfähigkeit der Menschen und der Tierwelt, die menschliche Arbeitskraft, die Brauchbarkeit von Werkzeugen und Maschinen, überhaupt alles, was besteht, und alles, was vergeht, steht unter der Herrschaft der Naturgesetze. Ihnen gegenüber versagt jede menschliche Satzung. Wohl aber geben die Rechtssatzungen der Verwertung der Naturkräfte ihre bestimmte Richtung. Je nachdem die Rechtsordnung unter den tausendfältig verschiedenen Möglichkeiten einer Regelung gerade diese oder jene Anordnung getroffen hat, erfolgt auch die Verwertung der Naturkräfte so oder anders und ist das wirtschaftliche Ergebnis dieser Verwertung so oder anders beschaffen[1].

[1] Hierüber des näheren meine Abhandlung „Über das Verhältnis der Volkswirtschaftslehre zur Rechtswissenschaft und zur Politik" (Beiheft Nr. 14

Es gibt keine wirtschaftliche Einrichtung, die nicht gleichzeitig eine Rechtseinrichtung wäre, und keine wirtschaftliche Betätigung, die nicht zugleich eine Rechtshandlung in sich begreifen würde. Die Erzeugung von Gütern, der Güterumsatz, der Güterverbrauch, alles vollzieht sich mittels Rechtshandlungen und auf Grund von Rechtseinrichtungen, die es irgendwem ermöglichen — gleichviel, ob dieser eine einzelne Privatperson ist oder ein öffentlicher Körper oder sonst eine wie immer gestaltete Gemeinschaft —, Grund und Boden zu benützen, Werkzeuge und Maschinen zu gebrauchen oder andere mit ihnen arbeiten zu lassen, die Erzeugnisse für sich zu behalten oder auf andere zu übertragen usw. Es läßt sich schlechthin kein Vorgang des wirtschaftlichen Lebens denken, der nicht infolge des Vorhandenseins von rechtlichen Bestimmungen gerade so gestaltet wäre wie er ist und der sich nicht anders gestalten müßte, wenn die Rechtsordnung anders gestaltet wäre, soweit sie mit ihm zusammenhängt.

Wenn es herkömmlich ist, die Güter, aus denen sich das wirtschaftliche Vermögen (sei es eines einzelnen oder einer Gesamtheit, einer physischen oder einer juristischen Person) zusammensetzt, einzuteilen in körperliche Gegenstände (Sachen) und in unkörperliche Gegenstände (subjektive Rechte), so ist diese koordinierende Einteilung im Grunde nicht genau. Die Unterwerfung der körperlichen Gegenstände unter den Willen einer Person ist durch das Recht geregelt. Jedes körperliche Gut erscheint als Vermögensbestandteil gleichsam umhüllt von einem Recht, das dem Subjekt eine bestimmt umgrenzte Verfügung über das Gut gestattet. Der Kreis der körperlichen Gegenstände ist also umschlossen von dem weiteren Kreis der subjektiven Rechte, der neben allen anderen Rechten auch die Rechte an körperlichen Gegenständen umfaßt.

Alle körperlichen Gegenstände haben Tauschwert nur, indem sie gleichzeitig Rechtsobjekte sind. Die „freien“ Güter, wie Luft (Gase), Wasser, haben Tauschwert nur, soweit sie zuvor durch Okkupation Gegenstand von Rechten geworden sind.

So viele Rechte, so viele Verkehrswerte. Wie der Eigentümer eines Hauses nicht allein das Eigentum übertragen, sondern auch ein Pfandrecht oder einen Nießbrauch bestellen oder das Haus ver-

---

der internationalen Vereinigung für Rechts- und Wirtschaftsphilosophie), Berlin und Leipzig 1919; ferner meine Abhandlung „Recht und Wirtschaft“ im Handbuch der Politik, 3. Aufl., Bd. 1, S. 113ff.

mieten kann, so hat auch jedes dieser abgezweigten Rechte, der Nießbrauch, das Pfandrecht, das Mietrecht, seinen besonderen Verkehrswert, und wenn ein Haus verpfändet oder vermietet wird, so ist nicht sowohl das körperliche Haus der unmittelbare Gegenstand solcher Übertragung, sondern das Pfandrecht, das Mietrecht; ebenso wie zum Beispiel bei dem Verkauf einer Wasserkraft nicht unmittelbar das Wasser oder die Wasserkraft als solche, sondern das Recht, sie zu benützen, den Gegenstand der Veräußerung bildet.

Beim Eigentum, weil es den körperlichen Gegenstand grundsätzlich unbeschränkt umfaßt, pflegen im Sprachgebrauch nicht nur des täglichen Lebens, sondern auch der Rechtswissenschaft Sache und Recht identifiziert zu werden: man sagt schlechtweg, man besitze ein Haus, nicht „das Eigentum“ an einem Haus und auch im folgenden wird im Interesse einer kurzen Ausdrucksweise diesem Sprachgebrauch gefolgt werden. Allein in Wirklichkeit sind das Eigentum (oder ein anderes Recht) und die körperliche Sache so wenig identisch, als ein und derselbe Gegenstand gleichzeitig körperlich und unkörperlich sein kann. Ähnlich wie das Kantsche „Ding an sich“, das hinter seiner äußeren Erscheinung steckt, nicht wahrnehmbar ist ohne diese und wie es von dieser seiner, subjektiv gefärbten, Erscheinung dennoch verschieden ist, ähnlich erscheinen auch die Dinge im Wertverkehr nicht anders denn in Umhüllung durch irgendein Recht. Man muß sich also vor Augen halten, daß man nicht bloß körperliche Dinge meint, wenn man von deren Verkehrswert spricht, sondern stets, und zwar unmittelbar, auch Rechte. Daher denn auch der Wert zum Beispiel eines Hauses, ganz unabhängig von dessen Lage und baulicher Beschaffenheit, ganz verschieden ist je nach der grundsätzlichen Gestaltung des Eigentums- und Besitzrechts in der objektiven Rechtsordnung des betreffenden Staates und je nach Art und Umfang der besonderen Beschränkungen, denen dieses im einzelnen Fall auf Grund des öffentlichen Rechts (zum Beispiel des Steuerrechts oder des Straßenbaurechts) oder durch privatrechtliche Bestimmungen (zum Beispiel Servituten, pfandrechtliche Belastungen, Vorkaufsrechte) unterworfen sein kann.

Alle Güter, die das Wirtschaftsleben hervorbringt, verdanken demnach ihren Wert nicht nur ihren körperlichen Eigenschaften allein, sondern zugleich der Gestaltung der Rechte, die für ihren Gebrauch bestimmend sind.

§ 9.
Rechtssicherheit und Wertgestaltung. Der Staat als wertbildender Faktor.

Aus dem Gesagten ergibt sich ohne weiteres, daß alle Änderungen im Bestand der Rechtsordnung unmittelbare Wirkungen auf die Gestaltung der wirtschaftlichen Werte hervorbringen können und müssen.

Die Änderungen können in Maßnahmen des Gesetzgebers bestehen, der neue Gesetze schafft oder alte Gesetze aufhebt oder abändert. Man denke, um sich die Wirkungen zu verdeutlichen, zum Beispiel an Einschränkungen des Eigentumsrechts, wie sie in Zeiten einer schweren Krise zuweilen getroffen werden: Maßnahmen des Mieterschutzes, Beschränkungen der Möglichkeit, die Zwangsverwaltung in Grundeigentum zu betreiben, oder auch an gesetzliche Zinsbeschränkungen und ihren Einfluß auf den Wert von Schuldverschreibungen oder an Grundsteuerabgaben, durch deren Höhe der Wert eines Grundstücks wesentlich mitbedingt ist und deren Veränderung (sei sie eine Steigerung oder eine Senkung) daher auch diesen Wert verändert und so weiter.

Eine für die Wertgestaltung wichtige Änderung in dem Bestand der Rechtsordnung kann aber, ganz ohne Gesetzesänderungen, auch schon darin bestehen, daß die Sicherheit der Rechtsverhältnisse in einem Land sich verändert, das heißt die Gewähr dafür, daß die Rechtsordnung, so wie sie einmal ist, in ihrer Wirksamkeit auch tatsächlich geschützt wird.

Gefährdet ist die Rechtssicherheit und mit ihr der Bestand der jeweils gegebenen Güterwerte, wenn die Rechtspflege der Vertrauenswürdigkeit entbehrt; ferner auch wenn der Gesetzgeber durch Sprunghaftigkeit seiner Maßnahmen oder dadurch, daß er (auch wenn formaljuristisch vielleicht ohne Verstoß) die für unabänderlich geltenden Grundlagen der Rechtsordnung verläßt und dadurch das Vertrauen zerstört, daß man überhaupt auf den Bestand der Gesetze bauen kann. Anlaß oder sogar der Zwang zu solchem „diktatorischen" Verfahren des Gesetzgebers kann namentlich in Kriegszeiten gegeben sein. Die Aufhebung eines geordneten Rechtszustandes infolge einer feindlichen Invasion kann die Gestaltung der Güterwerte in dem betroffenden Land vollkommen revolutionieren. Inter arma silent leges. Auch während einer Revolution oder in Fällen eines außergewöhnlichen Notstandes kann sich aus der Natur dieser Verhältnisse ein analoger Ausnahmezustand ergeben. Aber stets handelt es sich nur um ein „Schweigen“ der Gesetze, denen Krieg und Notstand die Sprache geraubt haben. Ist der Ausnahmezustand beendet, so können auch die Gesetze ihre Sprache und die Rechtsordnung, auf der das bürgerliche Zusammenleben beruht, den staatlichen Schutz wiederfinden. Der Schutz von Privateigentum und Vertragsrecht lebt wieder auf.

Werterhaltend wirkt jede Tätigkeit, die solche Gefahren zu bannen vermag. Der für solchen Schutz erforderliche Aufwand ist somit „produktiv“ und insbesondere auch der produktive Charakter von Rüstungsausgaben steht daher außer Frage, sofern sie zur Erhaltung oder Erhöhung der Rechtssicherheit beitragen. *Sicherung oder Erhöhung des Rechtsschutzes* kommt der Werthöhe der Güter nicht weniger zugute als eine *technische Verbesserung ihrer körperlichen Eigenschaften*. Daß zu Schutz und Sicherheit innerhalb der Landesgrenzen das Dasein einer polizeilichen Brachialgewalt notwendig ist, dürfte kaum zu bestreiten sein, somit auch nicht, daß der Unterhalt einer genügenden Polizei dem Wertbestand des Landes zugute kommt. Das gleiche muß aber logischerweise auch für diejenigen Aufwendungen gelten, die gegen die Eingriffe äußerer Feinde schützen sollen. Mit der Frage, wie *hoch* diese Ausgaben im konkreten Fall sein müssen, um ihren Zweck zu erfüllen, hat diese Feststellung zunächst nichts zu tun. Sie bezieht sich nur auf die rein grundsätzliche, theoretische — freilich auch in den Rüstungsdebatten der praktischen Politik stets wiederkehrende — Kontroverse, ob die Kosten einer militärischen Rüstung *an und für sich* als produktive oder aber als unproduktive Aufwendungen, als nutzlose Konsumtion anzusprechen seien. Sie sind produktiv im gleichen Sinn und mit analogen Vorbehalten wie jede Versicherung gegen Unfälle und Unglücksfälle aller Art und wie auch jede sonstige Schutzeinrichtung gegen Gefahren es ist.

In jedem Wert steckt also eine Quote, die der Wirksamkeit des Staates und seinen Einrichtungen verdankt wird. Indem der Staat Steuern erhebt, zieht er somit gewissermaßen seinen Gewinnanteil aus der volkswirtschaftlichen Produktion heraus, an deren wertbildenden Prozessen er fortdauernd, sei es auch nur durch einfachen Schutz der Rechtsordnung, mitwirkt. Hierin liegt eine rechtsphilosophische Begründung des staatlichen Besteuerungsrechts, und zwar des Besteuerungsrechts als solchen, das heißt der Einrichtung, daß der Staat überhaupt Steuern erhebt.

Daß ein offensichtlicher, unmittelbarer Zusammenhang zwischen der Wirksamkeit eines öffentlichen Körpers und bestimmten einzelnen Wertsteigerungen zum Anlaß genommen wird, diese zu besteuern, ist in der neuzeitlichen Steuergesetzgebung keine Seltenheit. Wenn zum Beispiel eine Gemeinde Aufwendungen für Straßenbauten macht, die Wertsteigerungen des angrenzenden Grund und Bodens bewirken, so liegt es nahe, den hierdurch vor der Masse der Steuerzahler begünstigten Eigentümern eine Sondersteuer aufzuerlegen, die ein gewisses Äquivalent für diese auf allgemeine Kosten erlangten Sondervorteile bildet. Ähnlich verhält es sich, wenn ein Staat zum Beispiel neue Garnisonen schafft oder wenn er eine neue Bildungsstätte an einem Ort ins Leben ruft oder diesen oder jenen Landesteil mit einer neuen Eisenbahnlinie versieht usw. Tatsächlich ist es dann ja auch, namentlich in Fällen der letztgenannten Art, gebräuchlich, die begünstigten Gemeinden irgendwie zu Sonderbeiträgen zu verpflichten (in Gestalt von Barzuschüssen, Garantien, unentgeltlichen Grundabtretungen u. dgl. m.)[1].

Weniger sinnenfällig, aber um nichts weniger wirklich ist aber der Zusammenhang aller Werte mit der allgemeinen Wirksamkeit des Staates. Wenn zum Beispiel eine Industrie gute Geschäfte macht, so verdankt sie dies nicht allein der technischen und kaufmännischen Geschicklichkeit ihrer Leiter, sondern neben anderem auch der Gestaltung der Rechtsordnung, auf deren Grundlage sie arbeitet.

Jede Rechtsnorm hat ihren bestimmten Zweck. In der neuzeitlichen Gesetzgebung ist es die Regel, daß Motive und Zweck jedes Gesetzes deutlich vor seinem Ergehen zum Ausdruck gelangen und der Kenntnis der Mitwelt und Nachwelt überliefert werden. Sie können ohne weiteres objektiv festgestellt und wissenschaftlich verarbeitet werden. In älterer Zeit war dies nicht in derselben Weise

---

[1] In analogem Gedankengang kann man logischerweise freilich auch fordern, daß dann, wenn durch Veranstaltungen eines öffentlichen Körpers, die im Interesse der Allgemeinheit vorgenommen werden, einzelnen Personen oder Gemeinden ein Sondernachteil zugefügt wird, diesen aus öffentlichen Mitteln auch eine Entschädigung für diese Sonderbelastung zugebilligt werden müsse, also zum Beispiel wenn eine Garnison oder wenn eine Regierungsbehörde von dem Platz wegverlegt wird, an dem sie sich bisher befand. Diese Kehrseite des Äquivalenzprinzips, die früher kaum einer theoretischen Betrachtung gewürdigt wurde, hat neuerdings in denjenigen Staaten, die seit dem Weltkrieg zu einer Vereinfachung ihres Verwaltungsapparats gezwungen wurden, eine erhebliche praktische Bedeutung gewonnen.

der Fall, von vornherein nicht bei den ältesten, grundlegenden Einrichtungen des Privatrechts, vor allem Eigentum und Erbrecht, deren Sinn und Zweck wir ex post, historisch und philosophisch, zu erklären haben. Aber auch diese Einrichtungen, die, von Haus aus, soweit man urteilen kann, nicht durch bewußte Satzung geschaffen, gewissermaßen erfunden worden sind, die sich vielmehr mit unbewußter Notwendigkeit aus den Bedürfnissen der Menschen heraus entwickelt haben, verdanken ihr jetziges Fortbestehen ganz bestimmten wirtschaftspolitischen Zwecken. Zudem ist ihre gegenwärtige Normierung in ihren Einzelheiten das Ergebnis einer bewußten Rechtsbildung, die unter unendlich vielen Möglichkeiten der Regelung, insbesondere der Beschränkung dieser Rechte, gerade die jetzt gegebenen und keine anderen Bestimmungen herbeigeführt hat.

Nichts ist daher unrichtiger, als die Einflußnahme des Staats auf die Gestaltung der wirtschaftlichen Werte damit abtun zu wollen, daß man die Wirkungen dieses Einflusses als künstliche Veränderungen der Werte in Gegensatz zur „natürlichen" Wertbildung stellt. Die Einwirkung des Staats ist nicht nur an und für sich nichts Künstliches, sie läßt sich vielmehr aus einer entwickelten Volkswirtschaft überhaupt nicht fortdenken. So wahr der Gegenstand des Tauschwerts stets ein subjektives Recht ist, so wahr ist eben der Tauschwert in seinem wesentlichen Bestand mitabhängig von denjenigen Faktoren, von denen dieses Recht abhängt, das heißt vom Staat und seiner Tätigkeit (im weitesten Sinn). Auch wenn bei werttheoretischen Untersuchungen die Wirksamkeit des Staats nicht mit in Rücksicht genommen wird. ähnlich wie etwa der Naturforscher zuweilen einen luftleeren Raum für seine Experimente herstellt, so pflegt es dennoch stets ein rechtlich durchaus geordneter Zustand der Volkswirtschaft zu sein, von dem diese Untersuchungen ausgehen. Die logische Voraussetzung ihrer vom Staat abstrahierenden Gedankengänge ist also in Wahrheit nicht nur kein staatsloser, anarchischer Zustand, sondern im Gegenteil die Existenz eines Staats von idealer Stabilität in allen seinen Einrichtungen und Funktionen, so daß deren Einfluß auf das Wirtschaftsleben als ein sich eben stets gleichbleibender Faktor gesetzt und deshalb bei solchen Untersuchungen eliminiert werden kann.

Diese Eliminierung, dieses Wegdenken des Staats ist aber eine Fiktion. Findet es der Theoretiker nötig, sich ihrer zu bedienen, so darf er nicht vergessen, daß er eine Amputation an dem Gegenstand seiner Untersuchung vorgenommen hat und daß das Wertproblem in Wirklichkeit einen größeren Umfang besitzt: es bietet dem Betrachter außer dem gewerteten Gegenstand und dem wertenden Individuum noch eine dritte Seite, die selbständiger Betrachtung bedarf, nämlich die der staatlichen Ingerenz.

Zunächst mögen im folgenden die Hauptergebnisse überprüft werden, zu denen die Werttheorie bisher bezüglich jener beiden ersten Seiten des Problems gelangt ist.

Drittes Kapitel.

Die Untergrenze der Wertgestaltung.

§ 10.

Die Arbeitsleistung als Ausgangspunkt der Wertanalyse.

Überblickt man die Geschichte der Werttheorien, so zeigt sich, daß diese bei aller noch so weitgehenden Verschiedenheit ihrer Gesichtspunkte sich im allgemeinen darin gleichen, daß ihre Untersuchungen in erster Linie dem Wert der körperlichen Güter gewidmet sind und daß sie auch in den Beispielen, deren sie sich bedienen, von dem Umsatz körperlicher Güter, dem Warenumsatz, auszugehen pflegen, sei es ihrem Umsatz gegen Geld (Kauf) oder gegen andere körperliche Güter (Tausch). Die ganze Kategorie der Arbeitsleistungen pflegt sowohl bei den älteren wie bei den heutigen Werttheorien ziemlich regelmäßig erst an zweiter Stelle behandelt zu werden, nämlich in der Weise, daß das, was zunächst über den Gebrauch- und Tauschwert der körperlichen Gegenstände ausgesagt wurde, dann und schließlich auf alles angewendet wird, was überhaupt Wert besitzt, insbesondere auch auf die Bewertung der menschlichen Arbeitsleistung als solcher. Die einzige Ausnahme von dieser Verallgemeinerung bildet bei vielen Werttheoretikern die Beurteilung des Werts des Gelds, von dem sie anerkennen, daß er nicht in das Schema passe, und den sie daher, als einen Wert sui generis, irgendwie anders als die Werte der übrigen Güterwelt zu erklären suchen.

Der Umsatz (Verkauf, Vermietung usw.) körperlicher Gegenstände ist aber nicht mehr als ein Ausschnitt aus dem ganzen Wertverkehr, aus der Gesamtheit aller der Vorgänge, bei denen etwas bewertet und bezahlt wird. Dementsprechend ist es auch nur ein (überdies verhältnismäßig bescheidener) Teil der Bevölkerung, der unmittelbar von dem Umsatz körperlicher Gegenstände lebt. So entfielen im Deutschen Reich nach der Berufszählung von 1933 nicht weniger als rund 60% der Erwerbstätigen (unter Ausschluß der Erwerbslosen) auf die Kategorien der Beamten, Angestellten, Arbeiter und Hausangestellten, somit auf solche Personen, deren Erwerbstätigkeit unmittelbar nicht im Umsatz körperlicher Güter, sondern darin besteht, daß sie ihre Arbeitskraft gegen Lohn verdingen und bezahlt bekommen; in allen diesen Fällen ist es also die Verdingung der Arbeitskraft als solcher, die den Gegenstand der Bewertung bildet, und zwar auch dann, wenn es sich um Personen handelt, die für ihren Arbeitgeber körperliche Gegenstände, Waren, zu verkaufen haben. Von den übrigen 40% der Erwerbstätigen entfällt ungefähr die Hälfte auf die Kategorie der beruflich „Selbständigen", die andere Hälfte auf „mithelfende Familienangehörige". Dabei sind aber in die rund 20% Selbständige die Angehörigen der freien Berufe, ferner Beamte und Angestellte in leitender Stellung miteingerechnet, die alle auf Grund von Arbeitsverträgen ihre Gehälter und Honorare verdienen. Es dürften demnach etwa vier Fünftel aller Erwerbstätigen sein, von denen gesagt werden kann, daß sie in einem Arbeitsverhältnis stehen und ihren Lebensunterhalt auf Grund von Arbeitsverträgen verdienen.

Um zu verstehen, wieso dennoch das Interesse für den Wert der körperlichen Güter in der volkswirtschaftlichen Theorie völlig den Vorrang behaupten konnte, muß man sich vor Augen halten, daß die Arbeiterschaft, der vierte Stand, sich erst spät im 19. Jahrhundert emanzipiert und zu selbständiger Bedeutung in Staat und Wirtschaft erhoben hat. In früheren Zeiten, auch nachdem Sklaverei und Hörigkeit abgeschafft waren, war es noch lange ein mehr oder weniger patriarchalisches Verhältnis geblieben, in dem der Arbeiter zum Unternehmer stand. Der Arbeiter pflegte dem Hausgesinde anzugehören oder doch diesem ähnlich gehalten zu werden. Als der einzige wahre Repräsentant von Gewerbe, Handel und Landwirtschaft erschien damals im großen ganzen der Handwerker, der Kaufmann, der Landwirt, kurz der selbständige Unternehmer. Das Interesse dieses selbständigen Unternehmers, des selbständigen Warenverkäufers, dominierte in der Wirtschaftspolitik und stand schon um deswillen auch bei den Theoretikern der Volkswirtschaft im Vordergrund. Der Wert der körperlichen Güter wurde daher auch für den volkswirtschaftlichen Theoretiker jener Zeit das nächstliegende und wichtigste Objekt der Betrachtung. Die ganze Lehre vom justum pretium war von dem Wert der körperlichen Güter ausgegangen und diese blieben dann weiterhin im Mittelpunkt der werttheoretischen Untersuchungen, auch nachdem die Stellung der Arbeiterschaft im Wirtschaftsleben (besonders der industriellen Arbeiterschaft) sich von Grund aus geändert hatte.

Man darf übrigens, wenn die Werttheorie zumeist in diesen überkommenen Geleisen beharrte, auch die einfache Macht der Gewohnheit und insbesondere die der schulmäßigen Tradition nicht unterschätzen, um so weniger als auch die Kritik der Gegner einer Theorie gemeinhin unmittelbar an eben diejenigen Gedankengänge anzuschließen pflegt, die sie bekämpft. Für die Opponenten einer Lehre war und ist es stets das Nächstliegende, die Beispiele der bekämpften Lehre selbst vorzunehmen, um gerade an diesen selben Beispielen die Fehlerhaftigkeit dieser Lehre und die Richtigkeit der eigenen Lehre nachzuweisen. Auch die sozialistischen Werttheoretiker behielten in dieser Hinsicht die Methode der von ihnen bekämpften bürgerlichen Theoretiker bei der Behandlung des Werts der Arbeit bei, obwohl man von ihnen gewiß nicht sagen kann, daß es ihnen etwa an Interesse am Wert der menschlichen Arbeitsleistung als solcher gefehlt hätte. War und ist doch bei ihnen gerade dieses Interesse sogar das recht eigentlich federführende und ausschlaggebende! Dennoch ist es auch bei ihnen die Regel geblieben, den Wert der Arbeitsleistung irgendwie abzuleiten aus dem von ihnen an erster Stelle untersuchten Wert der körperlichen Güter. Karl Marx machte hiervon keine Ausnahme. Auch er nahm das Beispiel des Austausches körperlicher Güter zum Ausgangspunkt und zur Unterlage seiner Werttheorie, auf der er das Gebäude seines „Kapital“ errichtete. Daß schließlich auch die Vertreter subjektiver Werttheorien von der Betrachtung des Werts der körperlichen Güter auszugehen pflegten und pflegen, erklärt sich schon aus der Natur gerade der subjektiven Betrachtungsweise, die von der Analysierung der Bedürfnisse des Menschen und deren Befriedigung ausgeht. Denn die Mittel zu unmittelbarer Befriedigung der wichtigsten Lebensbedürfnisse (Nahrung, Kleidung usw.), „Güter erster Ordnung“, um den Ausdruck insbesondere der österreichischen Grenznutzentheoretiker zu gebrauchen, sind der Regel nach ausschließlich körperliche Gegenstände.

Ebenso wie die Arbeitsleistung, deren Entgelt ein Lohn, Gehalt oder Honorar ist, ist aber auch das, wofür der Kaufmann beim Verkauf einer Ware einen Preis empfängt, in Wahrheit nichts anderes als ebenfalls eine Leistung. Was der Käufer zu bezahlen hat, ist unmittelbar nicht der gekaufte Gegenstand, sondern der Rechtsanspruch auf Verschaffung dieses Gegenstands. Wie lange Zeit dabei zwischen dem Kaufabschluß und der Erfüllung der Leistungsverbindlichkeit verstreicht, ob diese Erfüllung sofort nach Abschluß erfolgt, wenn die verkaufte Sache schon zur Hand ist, oder erst in einem späteren Zeitpunkt, wenn die Sache erst herbeigeschafft oder gar erst produziert werden muß oder weil vielleicht der Verkäufer erst die auf einen späteren Zeitpunkt verschobene Zahlung des Preises durch den Käufer abwarten will — all dies sind in dieser Hinsicht außerwesentliche Momente, bloße accidentalia, die daran nichts ändern, daß es unmittelbar nicht eine körperliche Sache an und für sich, sondern ein Recht, der Anspruch auf Leistung der Sache ist, was bewertet und gekauft wird. Juristisch ist der Kauf ein Vertrag sui generis, rein wirtschaftlich ist er aber nur ein Ausschnitt aus dem Kapitel der entgeltlichen Arbeitsleistung.

Um sich dies zu veranschaulichen, vergegenwärtige man sich den Fall, daß der Verkäufer, zum Beispiel ein Handwerker, die Ware mit seiner eigenen Hände Arbeit erzeugt hat. In diesem Fall ist ohne weiteres klar, daß der Kaufpreis zwar unmittelbar nur die Gegenleistung für jene Verpflichtung zur Übertragung der Ware darstellt, mittelbar aber auch das Entgelt für ihre Erzeugung, das heißt also für die von dem Handwerker geleistete Arbeit einschließt. Tritt zwischen den Erzeuger und den Konsumenten ein Händler, so ist der Kaufpreis, den der Händler vereinnahmt, in gleicher Weise zwar unmittelbar nur die Gegenleistung für die Übertragung der Ware auf den Käufer; mittelbar ist er aber auch das Entgelt für die auf Anschaffung und Bereitstellung der Ware gerichtete Arbeitstätigkeit und den Kostenaufwand des Zwischenhändlers, wobei in dessen Selbstkosten der Kaufpreis enthalten ist, der an den vorhergehenden Verkäufer bzw. an den Erzeuger der Ware zu entrichten war.

Der Wert der körperlichen Güter, genauer gesagt der Wert ihrer Übertragung auf andere stellt sich nach alldem als ein bloßes Teilgebiet aus dem Komplex der Werte von Leistungen dar, der in seiner Gesamtheit das Substrat des Wertproblems bildet. Es erscheint daher als richtiger, zunächst von dem Wert von Leistungen im allgemeinen auszugehen und das allgemeine Ergebnis dann auf den speziellen Fall des Werts körperlicher Güter anzuwenden, als umgekehrt zuerst diesen Spezialfall zu untersuchen und die an ihm gemachten Beobachtungen und Feststellungen dann zu verallgemeinern und auf den Gesamtkomplex des Wertproblems auszudehnen. In diesem Gedanken soll im folgenden zuerst der Wert der Hauptkategorien von Arbeitsleistungen ins Auge gefaßt und erst auf dieser Grundlage zur Untersuchung des Werts der körperlichen Güter übergegangen werden.

§ 11.
Arbeitslohn und Existenzminimum.

Schon der geschichtliche Überblick des ersten Kapitels hat den engen Zusammenhang erkennen lassen, der zwischen der Gestaltung des Werts der Objekte des Wirtschaftsverkehrs und der Notwendigkeit einer Existenzsicherung für den im Wirtschaftsleben stehenden Menschen vorhanden ist.

Am unmittelbarsten und deutlichsten tritt dieser Zusammenhang bei Beamtenstellungen oder beamtenähnlichen Stellungen in die Erscheinung, die den Charakter von Lebensstellungen haben und bei denen im wesentlichen die ganze Zeit und Arbeitskraft des Angestellten gegen einen festen Gehalt — nicht gegen einzeln berechnete Entlohnungen für die einzelnen Arbeiten, die er verrichtet — in den Dienst des Arbeitgebers gestellt ist. Kein Mensch kann seine Arbeitskraft in solcher Weise verdingen und eine solche Stellung bekleiden, wenn er nicht während der ganzen Dauer dieser Stellung sein Auskommen findet. Lebensmöglichkeit ist die selbstverständliche Voraussetzung jeder Dienststellung. Die Bezahlung auch der letzten Person, deren Arbeitskraft im Wirtschaftsprozeß noch benötigt wird, muß mindestens hoch genug sein, um ihr Existenzminimum zu decken, wenn anders diese ihre notwendige Betätigung überhaupt möglich sein soll. Ob es sich dabei um eine öffentliche oder private Anstellung, ob um höhere oder niedere Dienstleistungen handelt, macht in dieser Hinsicht keinen Unterschied.

Freilich ist das Existenzminimum niemals eine absolut feststehende Größe, zumal es sich in Kulturländern nicht bloß nach der nackten Lebensnotdurft richtet, vielmehr die, wenn auch noch so bescheidenen Ansprüche auf ein kultiviertes Dasein nach Maßgabe der Lebensanschauungen des betreffenden Landes berücksichtigen muß. Je nach diesen Anschauungen bezieht sich diese Rücksichtnahme auch nicht allein auf die Zeitdauer der Dienstleistungen, sondern sie muß auch die Zeit einer durch Krankheit oder Alter oder sonstwie verursachten Arbeitsunfähigkeit mitberücksichtigen; ferner muß der Gehalt nicht allein dem Lebensbedarf des Angestellten selbst Rechnung tragen, sondern auch dem Lebensbedarf seiner Familie, für deren Unterhalt zu sorgen er verpflichtet ist, und zwar unter Umständen noch bis über seinen Tod hinaus[1].

All dies kann im Grundsatz auch von nicht lebenslänglichen Anstellungen der bezeichneten Art gesagt werden: man muß leben, um eine Stellung bekleiden und die von dem Arbeitgeber verlangten Dienste für ihn leisten zu können, nur daß eben das Vertragsverhältnis die beiderseitigen Leistungen (Dienstleistung gegen Leistung des lebensnotwendigen Unterhalts) bloß für eine kürzer begrenzte Zeitdauer festlegt. Allein je kürzer die Zeitspanne ist, für die ein Dienstverhältnis vereinbart wird, desto mehr verwischt sich dieses Bild der Abhängigkeit der Lohnhöhe von der Lebensnotdurft. Schon bei Taglohnarbeit ist der Zusammenhang nicht mehr so deutlich. Unwillkürlich stellt sich zwar auch bei ihr die Vergleichung ein zwischen dem Lohn und dem Tagesbedarf des Arbeiters. Aber die Rechnung ist schon um deswillen nicht so klar wie bei Anstellungen auf längere Zeit, weil bei diesen letzteren ohne weiteres auch die Feiertage in das Gesamtentgelt einbezogen sind, während beim einfachen Taglohn nur der Arbeitstag bezahlt wird, dieser allerdings so bezahlt sein muß, daß der Arbeiter auch während der Feiertage leben kann.

Noch mehr aber geht die unmittelbare Anschaulichkeit des inneren Zusammenhangs von Lohnhöhe und Lebensbedarf dann verloren, wenn die Bezahlung nach kürzeren Zeitspannen als nach

---

[1] So sagt das deutsche Reichsgericht bezüglich der öffentlichen Berufsbeamten: „Nach allgemeinen Grundsätzen ist das Gehalt des Beamten ... eine ihm für die Dauer seines Amtes zugebilligte, für den standesgemäßen Unterhalt bestimmte Rente“ (RGZ. Bd. 96, S. 87), und an anderer Stelle: das Verhältnis des Beamten zum Staat bestehe darin, daß er „seine ganzen Kräfte in dessen Dienst zu stellen hat, solange er dazu fähig ist, wogegen der Staat die Verpflichtung übernimmt, ihm den standesgemäßen Unterhalt für sich und seine Familie zu gewähren, und zwar zunächst in Gestalt des vollen Stellendiensteinkommens, später aber, wenn er keine Dienste mehr leistet, des Ruhegehalts“; hierzu trete noch die Pflicht zur Versorgung der Hinterbliebenen (RGZ. Bd. 104, S. 61).

ganzen Tagen erfolgt, also insbesondere beim Stundenlohn. Was jemand durch die Arbeit einer Stunde verdient, braucht keineswegs notwendig und kann auch oft gar nicht in unmittelbare Beziehung gesetzt werden zum Lebensbedarf einer Stunde, geschweige denn gar zum Lebensbedarf dieser selben Stunde. Es ist die Regel, daß jemand während dieser Arbeitsstunde überhaupt kein Bedürfnis nach irgendwelchen Anschaffungen hat, nicht einmal für Speise und Trank, wenn er während des übrigen Tags auskömmlich versorgt ist.

Was für Arbeit gegen Zeitlohn gilt, gilt analog auch für Stücklohnarbeit (einschließlich Akkordarbeit), also für den Fall, daß die Arbeitsbetätigung nicht mit einer pauschalen Gesamtbezahlung der sämtlichen in eine gewisse Zeitspanne fallenden Arbeitsverrichtungen entlohnt wird, daß vielmehr diese einzelnen Arbeitsverrichtungen als solche, jede für sich, bezahlt werden (also wenn zum Beispiel ein Grubenarbeiter statt mit einem Taglohn, nach der Masse der von ihm geförderten Kohle oder wenn eine Hemdennäherin nach der Zahl der von ihr genähten Hemden bezahlt wird u. dgl. m.). Handelt es sich um Arbeitsverrichtungen, die ihrer Natur nach einen ganzen Tag oder einen noch längeren Zeitraum in Anspruch nehmen (zum Beispiel wenn die Erntearbeiten auf einem Landgut im Akkord vergeben werden), so ist es ebenso klar wie beim Zeitlohn, daß der Lohn dem Lebensbedarf dieses Zeitraums mit Notwendigkeit irgendwie angeglichen sein muß. Beansprucht die Arbeitsverrichtung, für die der Stücklohn bezahlt wird, aber nur eine kürzere Zeit, wohl gar nur einen Bruchteil einer Stunde (zum Beispiel wenn einem Schneider oder einem Schuster kleine Flickarbeiten übergeben werden), so kann sich auch die Lohnfestsetzung ebenso wie beim Stundenlohn ohne jede bewußte Rücksicht auf die Frage vollziehen, wieviel der Arbeiter zu seinem Lebensunterhalt im ganzen benötigt. Es entfällt jene Berechnung des Lohnes nach dem Lebensbedarf und an ihre Stelle tritt eine Berechnung, die sich, wenigstens nach ihrem äußeren Anschein, nur nach dem Ergebnis der geleisteten Arbeit richtet. Der Lohn objektiviert sich. Seine tatsächliche Höhe erklärt sich aus der Menge und der Güte der geschehenen Leistung. Die Projizierung des Lohns auf die Person des Arbeiters, die Abhängigkeit des Lohnes von dem Bedarf des arbeitenden Menschen entschwindet damit dem Blick. Es ist aber nur eine scheinbare, rein äußerliche Veränderung, die zu einer anderen Blickrichtung führt, richtiger gesagt verführt. In Wirklichkeit drängt das Niveau der Bezahlung bei allen Kategorien von Arbeitsleistungen nach einem bestimmten Verhältnis zum Lebensbedarf. Der Notwendigkeit, in dieser Hinsicht ein angemessenes Verhältnis herzustellen und aufrechtzuerhalten, verdankt namentlich das zuweilen angewandte System der „gleitenden Lohnskalen“ seine Entstehung, dessen besonderer Zweck es ist, auch bei schwankenden Wirtschaftsverhältnissen einen ausreichenden Arbeitsertrag (für dessen Bestimmung irgendwelche Indexziffern maßgebend zu sein pflegen) zu gewährleisten.

Steht der Arbeiter, dessen Bezahlung nach Stücklohn oder im Akkord erfolgt, in ständiger Beschäftigung bei einem und demselben Arbeitgeber — der Regelfall insbesondere des Fabrikarbeiters —, und zwar so, daß er diesem seine ganze oder doch im wesentlichen seine ganze Arbeitskraft zur Verfügung stellt, so handelt es sich nach der ganzen Struktur eines solchen Arbeitsverhältnisses genau so um die Notwendigkeit, daß der Arbeiter auf die Dauer von diesem seinen Lohn seinen ganzen Lebensunterhalt bestreiten kann wie beim Zeitlohn für längere Fristen. In solchen Fällen wird daher der Stücklohn (Akkordlohn) regelmäßig so kalkuliert, daß von einem fiktiven Taglohn oder Wochenlohn usw., der als dem Lebensbedarf entsprechend angenommen ist, ausgegangen und daß aus diesem dann der Stücklohn, Akkordlohn so errechnet wird, daß bei einer normalen Arbeitsleistung der Arbeiter imstande ist, im Tag oder in der Woche soviel zu verdienen, als er nach jener Annahme während dieses Zeitraums im ganzen verdienen soll.

Schwieriger und komplizierter liegt der Fall aber dann, wenn ein Arbeiter nicht einem einzigen Arbeitgeber, sondern einer Mehrheit, vollends wenn er einer wechselnden Mehrheit von Arbeitgebern Dienste leistet (zum Beispiel selbständige Maschinenschreiberinnen, Hausnäherinnen u. dgl.). Eine solche Ungebundenheit des Arbeitsverhältnisses gehört vor allem zum Wesen der sogenannten freien Berufe. Um zu zeigen, worauf es hier ankommt, mögen insbesondere diejenigen freien Berufe ins Auge gefaßt werden, die einen amtlichen oder amtsähnlichen Charakter haben und deren Bezahlung daher durch die Obrigkeit geregelt wird. Von sogenannten höheren Berufen gehört hierher in vielen Ländern der des Notars und des Rechtsanwalts, mitunter auch der des Arztes und manche andere; zu den übrigen Berufen, um die es sich hier handelt, gehören Berufe wie der der öffentlichen Lohnkutscher und Kraftwagenführer, der öffentlichen Dienstmänner, Gepäckträger, Kaminfeger, der der Hebammen u. a. m. Das öffentliche Interesse verlangt, daß solche Berufe von einer ausreichenden Personenzahl und in zuverlässiger Weise ausgeübt werden. Die Verdienstmöglichkeit in diesen Berufen muß daher vor allen Dingen so gestaltet sein, daß die Existenz der notwendigen Zahl von Berufsangehörigen sichergestellt ist. Im übrigen geht das öffentliche Interesse dahin, das Publikum vor Ausbeutung zu schützen und ihm die Möglichkeit zu geben, die Dienste, die es benötigt, zu erschwinglichen Preisen in Anspruch zu nehmen. So pflegen denn obrigkeitliche Gebührenordnungen, Tarife, für diese Berufe zustande zu kommen, die kasuistisch den Preis möglichst aller einzelnen Arten von Dienstleistungen für das Publikum festlegen, aus denen sich die Berufstätigkeit zusammensetzt. Diese Tarife besitzen sehr häufig schlechthin bindende Kraft. Zuweilen, namentlich bei den sogenannten höheren Berufen (in Deutschland zum Beispiel bei den Ärzten und den Rechtsanwälten) gelten sie als maßgebende Norm nur dann, wenn Streit über die Höhe des Anspruchs entsteht und keine anderweitige Vereinbarung zwischen den Parteien vorliegt. Bei der Festsetzung der einzelnen Tarifpositionen können alle möglichen Gesichtspunkte eine Rolle spielen: auf der einen Seite die Kostspieligkeit, die Zeitdauer, die Schwierigkeit, das Risiko einer Verrichtung, kurzum die im Sinn der objektiven Theorien maßgebenden Momente, die den Aufwand berücksichtigen, und auf der anderen Seite Maß und Art des bei dem Publikum vorhandenen Bedürfnisses. Das eine Mal wird die Seite des Angebots, das andere Mal die Seite der Nachfrage mit stärkerem Gewicht in die Waagschale fallen.

Aber wie immer auch das Ergebnis sein mag, zu dem die gesamten Rücksichten bei jeder einzelnen Tarifposition führen, so viel ist gewiß, daß der entscheidende Gesichtspunkt, die Dominante für die Abstimmung des Wertverhältnisses aller dieser Positionen untereinander stets und allein in der Notwendigkeit liegt, einen zum Lebensbedarf ausreichenden Gesamtverdienst für den Berufstätigen zu ermöglichen[1]. Tarife der in Rede stehenden Art — und in ganz analoger Weise wie die obrigkeitlichen Tarife auch die privaten Tarifvereinbarungen von Berufsständen — pflegen systematisch in dem Gedanken geschaffen zu werden, daß der-

[1] Vgl. zum Beispiel das Zitat aus der deutschen Rechtsanwaltsordnung unten S. 142.

jenige, der den Beruf ausübt, unter normalen Verhältnissen, bei normaler Tüchtigkeit und Rührigkeit von diesem Beruf soll leben können. Praktisch kommt es bei der Feststellung von Tarifen daher wesentlich auf die Frage an, wie sich der normale Geschäftsanfall auf die verschiedenen einzelnen Arten von Berufsverrichtungen zu verteilen pflegt, und auf dieser Grundlage kommen dann, auch wenn jener leitende Gesichtspunkt um seiner Selbstverständlichkeit willen unausgesprochen bleibt, die Gebührensätze für die einzelnen Positionen der Tarife zustande.

§ 12.
Sonstige Einnahmequellen des Arbeitnehmers und die Lohngestaltung. Ehernes Lohngesetz und Berufsexistenz.

Nach dem Vorstehenden kommt es darauf an, daß die Entlohnungen für einzelne Arbeitsleistungen in ihrer Gesamtheit ein bestimmtes Niveau erreichen.

Wird dieses erreicht, so ist es nur eine Frage von sekundärer Bedeutung, wie sich der Gesamtverdienst auf die einzelnen Arbeitsleistungen verteilt. Es ist durchaus möglich, daß einzelne Arbeiten sogar ganz ohne spezielles Entgelt geleistet werden. Nötig ist nur, daß dann eben die anderen Arbeitsleistungen Verdienst genug abwerfen, um den Ausfall wettzumachen, ebenso wie ein Kaufmann eine Ware unter den Selbstkosten und sogar umsonst abgeben kann (zum Beispiel zu Reklamezwecken), wenn er an anderen Waren genug verdient. Wenn in der Wertliteratur seit jeher die These eine Rolle spielt, daß jeder Tauschwert einen angemessenen Gewinn für den Verkäufer neben den Selbstkosten einschließen müsse, so ergibt sich also schon hier bei der Untersuchung des Werts von Arbeitsleistungen, daß es bei der Größe dieses Gewinns nicht sowohl auf sein Verhältnis zu dem speziellen Wertobjekt ankommt, als vielmehr auf das Verhältnis zum Berufseinkommen in seiner Totalität.

Aber es kommt des ferneren auch nicht bloß darauf an, daß die verschiedenen einzelnen Arbeitsvergütungen innerhalb einer und derselben Berufstätigkeit sich in solcher Weise untereinander ergänzen, sondern diese Ergänzung kann auch durch Einnahmen außerhalb dieser Berufstätigkeit erfolgen. Wenn es richtig ist, daß das Berufseinkommen in seiner Totalität nicht unter dasjenige Niveau herabsinken kann, das die Existenz einer jeden zur Deckung des Bedarfs noch notwendigen Arbeitskraft sichert, so bedarf diese Feststellung der theoretisch wie praktisch wichtigen Einschränkung auf den Fall, daß jenes Berufseinkommen, der Arbeitsverdienst in seiner Gesamtheit, die einzige Einnahme darstellt, von der der Berufsausübende, der Arbeitnehmer, zu leben hat.

Die volkswirtschaftliche Theorie ist seit jeher geneigt, es als den Regelfall zu betrachten, daß der einfache Arbeiter für seinen Lebensunterhalt ausschließlich auf den Ertrag seiner Arbeit angewiesen ist; man ist gewohnt, dies als die charakteristische Lebenslage des „Proletariers" zu betrachten. Diese Einstellung der Theorie steht aber keineswegs im Einklang mit der Wirklichkeit. In Wirklichkeit ist die Bedeutung des Arbeitsverdienstes für die Deckung des Lebensbedarfs eine nur relative, mitbedingt durch die Ergiebigkeit anderweitiger Einnahmequellen, die nebenher zu Gebot stehen und geeignet sind, das Berufseinkommen zu ergänzen. Der Ertrag dieser anderweitigen Einnahmequellen, deren wichtigste alsbald zu besprechen sein werden, mag im einzelnen Fall noch so gering sein; aber es ist eine Ausnahme, wenn sie völlig fehlen. Je geringer die relative Bedeutung des Arbeitsverdienstes neben diesen anderen Einnahmequellen ist, mit denen zusammen er zur Deckung des Lebensbedarfs zu dienen hat, desto tiefer kann er liegen, und zwar auch für die Dauer.

Die Hauptfälle solcher anderweitiger Einnahmequellen sind folgende:

I. Innerhalb aller menschlichen Gemeinschaften, deren Sitten sich über ein tierisches Niveau erheben, gilt es als Pflicht der Besitzenden, für die Armen zu sorgen. Sie ist in allen Religionen als eine heilige Pflicht begründet und ihre Ausübung ist, soweit sich die Menschheitsgeschichte zurückverfolgen läßt, eine nie bezweifelte Obliegenheit des Familienverbandes, der Sippe usw. gewesen.

In den heutigen Kulturstaaten gehört eine ausreichende, wohlwollende Armenfürsorge zu dem unbestrittenen Pflichtenkreis des Staats oder anderer öffentlicher Körper oder Verbände. Kirchliche und private Wohltätigkeit, in weitem Umfang organisiert, stehen ihr überall zur Seite. Es hat sich sogar, seit dem letzten Drittel des vorigen Jahrhunderts, ausgehend von Deutschland, die Anschauung immer weiter in der Welt verbreitet und durchgesetzt, daß es von Staats wegen nicht genüge, wenn für den Unbemittelten nur auf dem Wege der Armenunterstützung gesorgt wird, vielmehr müsse jeder Arbeiter grundsätzlich ein Recht darauf haben, sein tägliches Brot auch in der Zeit seiner Arbeits- und Verdienstunfähigkeit zu erhalten. Praktisches Ergebnis dieser Anschauung war die moderne Sozialversicherung (Zwangsversicherung), die dem Versicherten in den Fällen von Krankheit, Unfall, Alter und Invalidität und neuerdings in verschiedenen Ländern auch bei unverschuldeter Arbeitslosigkeit einen klagbaren Rechtsanspruch auf Unterstützung gibt. Die Mittel für die Versicherung werden zu einem wesentlichen Teil von den Arbeitgebern, in gewissem Umfang auch durch staatliche Zuschüsse mitaufgebracht. Die Unterstützungsgelder, die den Versicherten ausbezahlt werden, pflegen daher erheblich höher zu sein als die Beiträge, die von den Versicherten aus eigenen Mitteln während der Zeit ihrer Arbeitsfähigkeit zur Fundierung der Versicherung beigesteuert werden. Eine Reihe von Staaten (unter anderen Großbritannien und Frankreich) sind noch weiter gegangen und haben eine völlig beitraglose Alters- und Hinterbliebenenversorgung ihrer minderbemittelten Staatsbürger (einige auch eine Invalidenversorgung) eingeführt.

Versteht man unter dem „natürlichen" Lohn, wie er sich nach der Ansicht der klassischen Schule bei freier Konkurrenz auf dem Arbeitsmarkt bilden muß, einen Lohn von solcher Höhe, daß durch ihn die Fortexistenz der Arbeitnehmerschaft gesichert ist, so ist dieser natürliche Lohn also insoweit von dieser Funktion entlastet, als auch ohne ihn, dank der Sozialversicherung, das Dasein des Arbeiters auch für die Zeit sichergestellt ist, in der der Lohn hierzu nicht ausreicht. Das Lohnniveau kann während der Zeit, in der der Arbeiter in Verdienst steht, niedriger bleiben, als er nach jener Theorie sonst sein müßte. In der Zeit vor der Sozialversicherung war diese Wirkung auch schon bei der gewöhnlichen gesetzlichen Armenpflege deutlich zu beobachten. Diese wurde zum Beispiel in England am Ende des 18. Jahrhunderts so geordnet, daß eine Skala der normalen Lohnhöhe (nach Maßgabe der Getreidepreise und der Zahl der Familienmitglieder) festgesetzt und daß zugleich bestimmt wurde, daß, wer diesen Lohn nicht verdienen konnte, einen Zuschuß in Höhe der Differenz erhielt; die Folge war, daß die Armensteuern rasch ins Untragbare stiegen, während die Arbeitslöhne immer mehr gedrückt wurden. Dies war kein vereinzelter Fall und im Hinblick auf derartige Zustände konnte das Wort geprägt werden, die gesetzliche Armenpflege diene nur dazu, es den Reichen zu ermöglichen, auf Kosten anderer ihren Arbeitern zu wenig Lohn zu geben[1].

Umgekehrt muß, wo eine solche Sozialversicherung fehlt, das Lohnniveau ceteris paribus höher liegen als in Ländern, in denen sie besteht und eine beträchtliche Bedeutung hat. Es ist dies einer der Gründe (vielleicht der wichtigste), die das relativ besonders hohe Lohnniveau zum Beispiel des amerikanischen Arbeiters im Vergleich zum europäischen, insbesondere dem mitteleuropäischen Arbeiter einer entsprechenden Kategorie erklären[2]. Daher denn auch bei einer Vergleichung des Reallohnes zwischen verschiedenen Ländern niemals außer acht gelassen werden darf, ob zu dem Normallohn nicht noch der Wert der Ansprüche an eine Sozialversicherung hinzugerechnet werden muß, wenn der wirkliche Wert der Entlohnung, die Bedeutung des Lohns für die Lebenshaltung der Lohnempfänger verschiedener Länder vergleichbar gemacht werden soll.

Die Entlastung des Arbeitslohnes von der Notwendigkeit, allein die Fortexistenz der Arbeiterschaft zu sichern, führt nun aber keineswegs mit Notwendigkeit und immer zu einem relativ niedrigen Lohnniveau. Sie kann unter Umständen sogar eine Erhöhung dieses Niveaus bewirken, dann nämlich, wenn der Umfang der aus anderweitigen Quellen herrührenden Subsistenzmittel für sich allein schon so groß ist, daß er hinreicht, jene Notwendigkeit zu erfüllen. Insoweit bedeutet die wirtschaftliche Unabhängigkeit vom Arbeitslohn eine Erhöhung der Machtstellung im Lohnkampf zugunsten dessen, der Arbeit sucht. Je weniger der einzelne darauf angewiesen ist, von dem Ertrag seiner Arbeit zu leben, desto eher ist er auch in der Lage, seine Arbeitskraft nur dann verdingen zu müssen, wenn er einen verhältnismäßig hohen Lohn erhält. Das Vorhandensein jener sonstigen Einnahmequellen kann also, sobald sie ihrerseits nicht mehr bloßer Zuschuß, sondern tatsächlich die Haupteinnahmequellen sind, die Folge haben, daß das Niveau des Arbeits-

[1] Zitiert bei Roscher, System der Armenpflege, 1894, § 34, S. 137. — Auch Malthus (Essay on population III, ch. 5, und IV, ch. 13) sagte, eine sehr weitgehende Armenpflege habe mittelbar die Tendenz, den gemeinen Arbeitslohn zu drücken.

[2] Zur Zeit wird nun auch in den Vereinigten Staaten von Nordamerika die Einrichtung einer öffentlichen Arbeiterversicherung in die Wege geleitet (auf Grund der 1935 beschlossenen Social Security Act, die eine Alters- und Arbeitslosenversicherung für alle Arbeiter und Angestellten mit einem Jahresverdienst von weniger als $ 3000,— vorsieht).

lohnes höher gelagert wird, als es beim Fehlen sonstiger Einnahmen liegen würde. Insbesondere die Anfangsentwicklung der Arbeitslosenversicherung hat diese Möglichkeit in drastischer Weise vor Augen geführt und hat gelehrt, daß die Leistungen der Arbeitslosenversicherung, wenn sie eine gewisse Höhe erreichen und gewisser Sicherungen gegen Mißbrauch entbehren, leicht dazu führen können, daß das Angebot von Arbeitskräften künstlich zurückgehalten wird, so weit nämlich die Bezieher der Versicherungsleistungen darauf verzichten können, ihre Arbeitskraft zu verwerten. Die Wirkung einer Arbeitslosenversicherung, die noch mit derartigen Kinderkrankheiten behaftet ist, ist also eine ähnliche wie die Wirkung von Streikunterstützungen, die eine Arbeitnehmerorganisation bezahlt, um Teile der Arbeiterschaft von dem Arbeitsmarkt fernzuhalten und dadurch zugunsten der in Arbeit Verbliebenen höhere Lohnsätze durchzusetzen, als sie sich sonst gestalten müßten.

II. Eine Entlastung des Arbeitslohnes von der Aufgabe, allein den Arbeiter zu ernähren, greift auch dann Platz, wenn eine Arbeiterschaft, die sich in gehobener wirtschaftlicher Stellung befindet, statt oder neben Renten aus der Sozialversicherung solche aus freier, eigener Versicherung bezieht oder, was im Ergebnis das gleiche ist, daß sie über eigenes Sparkapital verfügt, das eine Rente abwirft.

Von genereller Bedeutung ist in dieser Hinsicht insbesondere der in manchen Gegenden häufige Fall, daß Arbeiter — Landarbeiter oder Industriearbeiter — ein eigenes Stück Land besitzen und bewirtschaften, das sie zu „Selbstversorgern" und dadurch bis zu einem gewissen Grad unabhängig macht von der Verdingung ihrer Arbeitskraft an Fremde. Die Lohnhöhe in dem betreffenden Gebiet kann dann, und zwar auch auf die Dauer, unter jener Höhe bleiben, die dem Existenzminimum des Arbeiters an und für sich gleichkäme. Ähnlich liegt der Fall, daß zum Beispiel Frauen und Mädchen, die in bescheidenen bürgerlichen Verhältnissen leben, durch Anfertigung von Handarbeiten den Berufsnäherinnen oder Berufsstickerinnen oder durch Stundengeben den berufsmäßigen Lehrerinnen Konkurrenz machen und sich dabei, wenn es sich bei ihnen im Grund nur um einen Zuschuß zum Gehalt des Hausvaters oder zu einer Pension handelt, mit Preisen begnügen können und begnügen, mit denen diejenigen Arbeitskräfte, die auf ihren Berufsverdienst angewiesen sind, schwer oder gar nicht auskommen können.

Sogar für die Besoldung öffentlicher Beamter kann der in Rede stehende Gesichtspunkt von einer gewissen Bedeutung sein. In vielen Staaten gibt es — und gab es namentlich in früherer Zeit — gewisse Stellungen (besonders im diplomatischen Dienst), die geringer, zuweilen sogar sehr viel geringer dotiert sind als mit demjenigen Betrag, den der Beamte aufwenden muß, um den Posten so zu versehen, wie von ihm erwartet wird. Die Gehaltshöhe solcher Beamtenkategorien hat mit dem Lebensbedarf des Beamten wenig oder nichts zu tun und erklärt sich nur daraus, daß für die Deckung ihres Lebensbedarfs der Dienstgehalt nur die Rolle eines Zuschusses spielt. Der extremste Fall ist der, daß für eine Beamtenstellung überhaupt kein Gehalt ausgesetzt ist, wenn es sich nämlich um ein „Ehrenamt" handelt, dessen Betreuung auch ohne Entgelt übernommen wird, geschehe dies aus idealen Beweggründen oder weil das Ehrenamt irgendwelche Nebenvorteile, zum Beispiel einen Titel, mit sich bringt.

III. Analog zu beurteilen wie der Fall einer zusätzlichen Versicherungs- oder Kapitalrente ist schließlich auch der Nebenverdienst durch solche Arbeit, die außerhalb derjenigen Arbeitsbetätigung, für die jemand angestellt ist, oder überhaupt außerhalb seines Berufes verrichtet wird, mit Einschluß des Nebenverdienstes, der dem Haushaltsvorstand durch die Arbeit der zu seinem Haushalt gehörenden Familienmitglieder zufließt.

Zu den vielen denkbaren Arten solchen Nebenverdienstes gehört streng genommen schon der bereits erwähnte Fall der Landarbeiter mit eigenem Grundbesitz, sofern sich in dem Ertrag dieses Besitzes die Kapitalrente aus dem Grundbesitz und der Arbeitslohn, den sich der Besitzer selbst für die Bewirtschaftung seines Besitzes anrechnen kann, vereinigen. In erster Linie sind es aber die Fälle bezahlter Nebenarbeit, die hier von Bedeutung sind, zum Beispiel wenn sich, wie dies in manchen Gegenden üblich ist, mit landwirtschaftlicher Lohnarbeit der Betrieb einer Hausindustrie verbindet, wobei es im Ergebnis gleichgültig ist, ob die Heimarbeit durch den landwirtschaftlichen Arbeiter selbst oder durch seine Familienangehörigen geleistet wird. Die Wirkung ist in jedem Falle die, daß mindestens eine der beiden Arbeitsbetätigungen für einen Lohn geleistet werden kann und nicht selten auch geleistet wird, der unter demjenigen liegt, den dort, wo ausreichende Gelegenheit zu solcher Doppelarbeit fehlt, diejenigen Arbeiter erhalten, die entweder mit der landwirtschaftlichen Lohnarbeit allein oder mit der industriellen Heimarbeit allein ihren Unterhalt verdienen müssen. Durch die Konkurrenz der Doppelverdiener kann also der Lohn und damit die Lebenshaltung derjenigen, die nur von einer der in Betracht kommenden Arbeitsbetätigungen leben, unter das Niveau herabgedrückt werden, das sonst bestehen könnte. Soweit diese Wirkung der Doppelarbeit reicht, ist somit das Lohnniveau für jede einzelne der verschiedenen Arbeitsarten wesentlich durch solche Momente mitbestimmt, die nicht in den Verhältnissen der betreffenden einzelnen Arbeitsart selbst — weder in ihren Selbstkosten noch im Bedürfnis nach ihr — zu suchen sind, sondern die eine ganz andere Arbeitsart, eine ganz andere Arbeiterkategorie betreffen als diejenige, um die es sich bei der speziellen Bewertung handelt. Ein trauriges, aber auch sehr drastisches Beispiel derartigen Druckes auf die Lohngestaltung geben in manchen Ländern gewisse weibliche Berufe (so beim Theater und Varieté, im Wirtsgewerbe), in denen ein besonders niederes Lohnniveau dadurch ermöglicht ist, daß die Berufsangehörigen auf die Prostitution als Nebenerwerb angewiesen sind.

Man spricht in solchen und ähnlichen Fällen von der „Schmutzkonkurrenz“ derjenigen, die die Nebeneinnahmen besitzen, eine Bezeichnung, in der bereits die ethische Mißbilligung des durch sie bedingten Lohnniveaus zum Ausdruck kommt. Diese Bezeichnung wird freilich sehr vielfach auch dann gebraucht, wenn die Nebeneinnahmen im einzelnen Fall aus einer um nichts weniger ehrenwerten und um nichts weniger mühevollen Tätigkeit fließen als es die des Haupterwerbs ist, wie zum Beispiel in dem schon erwähnten Fall, daß Frauen, die sich nur ein Taschengeld verdienen wollen, mit Handarbeiten oder Stundengeben denen Konkurrenz machen, die solche Arbeit berufsmäßig ausüben. Eine Preisbildung kann eben objektiv vollkommen einwandfrei vor sich gehen und dennoch ein dem sozialen Gerechtigkeitsgefühl widerstreitendes Ergebnis haben. Diesem Gerechtigkeitsgefühl widerstrebt es, wenn jemand, der einen an und für sich notwendigen und nützlichen Beruf erlernt hat, zu seiner Ausübung die erforderlichen Qualitäten besitzt und von diesem Beruf leben muß, durch einen anderen, der es „nicht nötig hat“, unterboten und um sein Brot gebracht wird. Es tritt hier die altüberkommene Vorstellung von der „Nahrung“, auf die der Berufstätige ein gewisses Recht hat, und ihr enger Zusammenhang mit dem Wertbegriff zutage.

Wenn jemand aus seinem Beruf verdrängt wird, so bedeutet dies für ihn aber noch nicht ohne weiteres den Verlust der Möglichkeit, Verdienst durch Arbeit zu finden. Ist das Fortkommen in einem bestimmten, dem bisherigen Beruf nicht mehr möglich, so kann die Möglichkeit bestehen, einen anderen Erwerb zu finden. Was für den einzelnen gilt, gilt in dieser Hinsicht auch für ganze Berufsstände. Verliert ein Berufsstand den Boden, auf dem er bisher seine Nahrung finden konnte (zum Beispiel der der Kutscher von Pferdedroschken infolge der Entwicklung des Automobilverkehrs), so muß sich eben der ganze Stand umstellen.

Jedem qualifizierten Berufstätigen stehen dabei im allgemeinen zwei Möglichkeiten offen: entweder die Umstellung zu einem anderen Beruf qualifizierter Art (zum Beispiel für die Pferdekutscher liegt es nahe, sich zu Chauffeuren auszubilden, um so in einer ihrem bisherigen Erwerb einigermaßen gleichartigen Weise weiter ihr Auskommen zu suchen); oder aber wenn dem einzelnen die nötige besondere Qualifikation hierfür fehlt oder wenn die in Betracht kommenden sonstigen qualifizierten Berufe bereits überfüllt oder aus einem anderen Grund verschlossen sind, so bleibt ihm noch die Zuflucht zu einer unqualifizierten, „ungelernten" Arbeitsbetätigung, der Broterwerb als Taglöhner oder Handlanger ohne eigentlichen Beruf. Es bleibt für den irgendwie qualifizierten Arbeiter, für jeden Arbeiter in einer gehobenen Stellung, wenn er dieser aus irgendeinem Grund verlustig geht, ebenso wie für Angestellte oder Beamte und für die freien Berufe noch immer auch die Möglichkeit eines Berufswechsels, zum mindesten auf dem Weg eines Abstiegs auf der sozialen Leiter. Geht Not an Mann, so bleibt dem qualifizierten Arbeiter und dem Angehörigen eines gehobenen Berufs als letzte Möglichkeit (wenn nicht individuelle Hemmnisse wie Alter, Krankheit, Gebrechen usw., hindernd im Wege stehen) noch immer die, alle Ausbildung und Tüchtigkeit an den Nagel zu hängen und eine Arbeit zu suchen, für die es keinerlei besonderer Vorbildung oder Geschicklichkeit bedarf. Erst dann, wenn die Not der Zeit das Lohnniveau auch der ungelernten Arbeiterschaft ins Unerträgliche herabdrückt und die Sense des ehernen Lohngesetzes in *diesen* Reihen mäht, erst dann ist auch seine persönliche Fortexistenz diesem Gesetz verfallen.

Was *vor* diesem Herabsteigen zur letzten Arbeitsmöglichkeit auf dem Spiele stand, war nicht ohne weiteres die Existenz des Betroffenen überhaupt, sondern zunächst nur seine besondere Berufsexistenz. Kann beispielsweise ein Anwalt von seinem Beruf nicht mehr leben, so ist damit noch lange nicht gesagt, daß er durch Hunger und Elend, die grausamen Schergen des ehernen Lohngesetzes, aus der Zahl der Lebenden überhaupt hinweggerafft werden müsse; es ist zunächst nur der Anwalt als solcher, der verschwindet. Der Berufsstand der Anwälte wird um ein Mitglied ärmer. Die Zahl der Anwälte ist der Dezimierung verfallen, je mehr die wirtschaftliche Not des Standes fortschreitet, bis der Punkt erreicht ist, an dem sich auskömmliche Beschäftigung für den verbliebenen Rest von Anwälten findet. Das eherne Lohngesetz, das durch Ausmerzung der überzähligen Arbeitskräfte dem Arbeitsverdienst eine untere Grenze zieht, findet somit außerhalb der ungelernten Arbeiterschaft seine Anwendung nicht sowohl auf die Individuen als vielmehr auf den Berufsstand als solchen, dem sie angehören.

Die Tragweite dieser Feststellung beschränkt sich aber nicht auf die im vorstehenden allein behandelte Erwerbstätigkeit der (handschaffenden oder geistigen) Arbeiter, deren Arbeitsleistung als solche bezahlt wird, sondern sie erstreckt sich ohne weiteres auch auf diejenigen Berufe, die den Austausch der Erzeugnisse jener Arbeitsleistungen, also den Kauf und Verkauf von körperlichen Gütern, Waren (Rohstoffen, Halb- oder Fertigfabrikaten) betreiben, das heißt auf den Stand der (selbständigen) Kaufleute mit Einschluß der (selbständigen) Fabrikanten, Handwerker und Landwirte, die ihre Erzeugnisse an den Markt bringen, kurzum auf die selbständige kaufmännische Tätigkeit im weitesten Sinn.

§ 13.
Der Preis körperlicher Güter und das Existenzminimum des Kaufmanns.

Der Kaufmann lebt von dem Verdienst, den ihm der Vertrieb seiner Waren abwirft, nicht anders wie der Arbeiter, der Beamte, der Mann des freien Berufs von dem Verdienst aus den Arbeitsleistungen seines Berufes lebt.

Wie oben von einer Projizierung des Arbeitslohns, auch des Stücklohns (Honorars), auf die Person des Arbeitleistenden die Rede sein konnte, so gelangt man mithin zur Projizierung auch des Wertes der körperlichen Güter auf die Person des Verkäufers.

Was für die anderen Berufe gilt, gilt daher auch für den Kaufmann, der — als Selbsterzeuger oder als Händler — Waren verkauft. Kann der Kaufmann in diesem seinem Berufe nicht mehr bestehen, so verkleinert sich die Zahl derer, die in diesem Beruf bisher gelebt haben, und unter Umständen ist dieser ganze Erwerbsstand, die ganze Branche, dem Untergang verfallen. Die Ausgeschiedenen müssen sich einem anderen Erwerb zuwenden, sei es dem Verkauf anderer Waren oder überhaupt einem anderen Beruf als dem eines selbständigen Kaufmanns oder sie müssen in letzter Linie im Heer der ungelernten Arbeiter untertauchen.

In diesem Sinne gilt das (eherne) Lohngesetz mit seinen oben dargelegten Modifikationen auch für den Wert der körperlichen Güter. Es wird durch diese Erweiterung zum allgemeinen Preisgesetz.

Auch für dessen Geltung kommt es, analog dem, was oben über das Verhältnis des Lohnes zum Existenzminimum gesagt wurde, nicht darauf an, ob und wieviel der Kaufmann an seinen einzelnen Waren verdient, sondern darauf, ob er einen hinreichenden Gesamtertrag und ein hinreichendes Gesamteinkommen findet.

Nach dem Ziel, daß jedes Gewerbe seine „Nahrung" finden soll, war die Wirtschaftspolitik der mittelalterlichen Städte und ebenso auch noch die des staatlichen Merkantilismus orientiert gewesen. Nach diesem Gesichtspunkt wurden obrigkeitlich die Preise im einzelnen reguliert. Es wurde also nicht nur an den Gewinn beim einzelnen Verkaufsgeschäft, an den Stückgewinn gedacht; vielmehr kam es klar darauf an, die Existenz des Berufstätigen überhaupt zu sichern. Die Preisfestsetzungen und alles, was sonst (durch Regulierung der Produktionsbedingungen und andere Einwirkungen) in dieser Richtung geschah, richtete sich nach dem, was einem Stand als „Nahrung" zugebilligt wurde.

Um die Nahrungsmöglichkeit jedes Erwerbsstandes praktisch festzustellen, war es dabei unerläßlich gewesen, sorgsam zu bestimmen, welche Geschäfte in die Zuständigkeit der verschiedenen Berufe fallen, und jeden Beruf auf diese seine Zuständigkeit zu beschränken. Es wurden also alle einzelnen Gewerbe begrifflich und praktisch streng gegeneinander abgegrenzt. Man wußte genau und durch das jeweilige Gewerberecht pflegte es auch ganz genau festgelegt zu sein, welche Arbeiten einer verrichten und welche Waren einer verkaufen durfte, der einem bestimmten Gewerbe angehörte. Jeder

Übergriff über diese Grenzen war verboten. Kein Gewerbe durfte einem anderen ins Gehege kommen[1].

Dieser Gebundenheit der Gewerbe machte die Gewerbefreiheit ein Ende. Sie gestattet grundsätzlich (von ausdrücklichen Ausnahmen abgesehen) jedermann die Ausübung jeglichen Gewerbes und es steht grundsätzlich jedermann frei, auch verschiedene Gewerbe (im Sinn der historischen Gewerbeeinteilung) nebeneinander zu betreiben. Von dieser Möglichkeit wird seitdem weitgehend Gebrauch gemacht. Ist nun ein Unternehmen auf die Herstellung und den Verkauf verschiedenartiger körperlicher Güter gerichtet, so braucht keine dieser einzelnen Betriebsabteilungen für sich allein imstande sein, dem Unternehmer einen auskömmlichen Lebensunterhalt zu gewähren. Es genügt für die Sicherung seiner Existenz, wenn die verschiedenen Abteilungen in ihrer Vereinigung eine ausreichende Summe des Verdienstes abwerfen. Der Zustand ist also ein analoger wie in dem oben erörterten Fall der Doppelarbeit.

Der Stand der Naturwissenschaften und der Technik hat dazu geführt, daß solche Erwerbskombinationen vielfach geradezu zwangsläufig und gewissermaßen von selbst entstanden sind. Sie sind ein Charakteristikum der neuzeitlichen Entwicklung des Ge-

[1] Ein besonders drastisches und hübsches Beispiel, das der Vergessenheit entrissen zu werden verdient, erzählt L. Vischer (Die industrielle Entwicklung im Königreich Württemberg, Stuttgart, 1875, S. 78) aus der Mitte des 19. Jahrhunderts wie folgt: Die Kürschner und die Säcklerzunft in Stuttgart waren wegen der Fertigung einer mit sämischgarem Leder gefütterten Pelzkappe durch die ersteren in Streit geraten. Die Säckler behaupteten, die einzig berechtigten Verarbeiter dieses Leders zu sein und den Kürschnern die Anfertigung solcher Kappen untersagen zu dürfen. Sie beriefen sich hierfür auf ihre Zunftordnung, in der hiervon ausdrücklich die Rede war. Die Kürschner behaupteten, sie hätten das Recht, Pelzröcke mit Leder zu füttern und also auch Mützen. Die beiden Zunftmeister wurden also vor einen Schlichtungsausschuß geladen. Der Säcklerzunftmeister führte aus, daß die Säcklerordnung die Sache entscheide, drehte übrigens die daliegende Pelzkappe herum, das Lederfutter nach außen, und fragte, ob dies nicht eine ganz verkäufliche Lederkappe sei. Der Kürschnerzunftmeister drehte aber die Kappe wieder herum, den Pelz nach außen: dies sei eine korrekte Pelzkappe. So hin und her. Ein humorvolles Mitglied des Ausschusses drehte die Kappe jedesmal um. Man einigte sich dann dahin, daß jede der Parteien jede Arbeit aus Leder und Pelz machen dürfe, kurz, man hob die trennenden Gewerbegrenzen auf. Ähnlich wurden dann auch andere Gewerbe zusammengelegt und die Gewerbefreiheit war faktisch schon da, als später das Gesetz sie verkündete.

werbewesens geworden. Auch die aus dieser Entwicklung mit Notwendigkeit hervorgegangenen Wirkungen für die Preisgestaltung der Güter sind daher von wesentlicher und grundsätzlicher Bedeutung für den heutigen Stand des Wertproblems und seine Beurteilung.

Es ist (vor allem, wo es sich um chemische Prozesse handelt) zu einer alltäglichen Erscheinung geworden, daß neben dem Hauptprodukt, dessen Erzeugung der eigentliche Betriebszweck ist, Nebenprodukte entstehen, die einer selbständigen Verwertung fähig sind. Häufig handelt es sich dabei um „Abfälle" (auch Abgase), die bisher unbrauchbar schienen und die nun auf Grund neuerer Verfahren dennoch als zu weiterem Gebrauch geeignet sich erweisen.

So hat sich, um aus der großen Zahl von Beispielen nur einige wenige anzuführen, bei der Verhüttung des Eisens seit der Einführung des Thomas-Gilchristschen Verfahrens ergeben, daß die dabei abfallende Schlacke (die „Thomasschlacke") in feingemahlenem Zustand ein überaus wertvolles Düngemittel ist. Abfallholz, das vorher im großen ganzen nur zum Verbrennen gut genug war, kann jetzt zur Herstellung von Alkohol, Futtermitteln, Traubenzucker und anderen hoch- oder höchstwertigen Erzeugnissen verwendet werden. Die Abgase von Hochöfen und Kokereien verfliegen nicht mehr in die Luft, sondern lassen sich zum Antrieb von Gasmotoren u. a. verwenden. Dank der neuen Verwertungsmöglichkeit können derartige Stoffe zu der Gewinnziffer des Unternehmens beitragen, während sie vorher wenig oder nichts einbrachten, wenn sie nicht sogar mit Unkosten beseitigt oder vernichtet werden mußten. Nicht selten wird das Gesamtergebnis eines Betriebs durch die Verwertung dieser Nebenprodukte in sehr wesentlicher, mitunter in ausschlaggebender Weise beeinflußt. Die Entwicklung mancher Industrien hat es sogar mit sich gebracht, daß aus dem ursprünglichen Nebenprodukt infolge Änderung der Absatzmöglichkeiten das Hauptprodukt wurde, während das vorherige Hauptprodukt des Betriebs nur noch die Bedeutung eines Nebenprodukts besitzt. So hat in manchen Gasanstalten die Gaserzeugung heute nur noch eine nebensächliche Bedeutung, während an ihrer Stelle die Kokserzeugung zum Hauptzweck des Betriebs geworden ist.

Die Bedingungen, unter denen die einzelnen Produkte solcher Gemischtbetriebe an den Markt gebracht werden können, sind völlig andere als bei einem Produkt, das Alleinerzeugnis eines Betriebes ist; denn der Aufwand, den die Herstellung jedes einzelnen Produkts in einem gemischten Betrieb erfordert, ist untrennbar vermengt mit dem Aufwand zur Erzeugung aller anderen Produkte dieses Betriebes, mögen diese auch noch so verschiedenartig sein. Diese Vermengung enthebt den Unternehmer aber nicht der Notwendigkeit, sich doch wenigstens so weit als möglich Klarheit über die Selbstkosten und damit über die Rentabilität aller seiner einzelnen Erzeugnisse zu verschaffen, um beurteilen zu können, ob er gut daran tut, die Herstellung des einen oder des anderen zu steigern oder zu vermindern oder es vielleicht ganz auszuschalten. Freilich handelt es sich dabei um eine Rechenaufgabe, bei deren Lösung sehr willkürlich verfahren werden kann.

Die Umlegung der gesamten Betriebskosten auf die einzelnen Produkte ist um so schwieriger, gibt daher der Willkür um so mehr Spielraum, je verschiedenartiger die Produkte sind. Wenn eine Bierbrauerei nur ein Produkt herstellt, Bier, und dieses in wenig voneinander abweichenden Qualitäten, so kann man die Selbstkosten eines Hektoliters Bier einfach in der Weise berechnen, daß die gesamten Produktionskosten der Brauerei für einen bestimmten Zeitraum durch das erzeugte Bierquantum dividiert werden. Wenn aber zum Beispiel eine chemische Fabrik gleichzeitig eine ganze Reihe völlig wesensverschiedener Produkte erzeugt oder wenn ein Kupferbergwerk nebenher auch Silber und noch andere Erze fördert und verhüttet und wenn die Produkte denselben Entstehungsgang durchmachen, dieselben Apparate passieren, von denselben Arbeitskräften behandelt werden, ehe sich das eine vom anderen trennt, so handelt es sich um Kollektivkosten, für deren Zerlegung auf die einzelnen Produkte es einen unter allen Umständen als richtig anerkannten Maßstab überhaupt nicht gibt. Ein Beispiel aus der Praxis! „In einem gemischten Werk der Großeisenindustrie sind als Hauptbetriebe vorhanden: Koks, Hochofen, Stahlwerk, Blockwalzwerk, Walzwerk, Adjustagen und Gießerei. Als Hilfsbetriebe: Kraft-, Kesselbetriebe, Werkstätten, Bauabteilungen, Eisenbahn. Die Feststellung der Selbstkosten kann sich auf die Hauptbetriebe beschränken, während die Kosten der Hilfsbetriebe in jenen der Hauptbetriebe aufgehen. Alljährlich wird der Gesamtaufwand der Hauptbetriebe festgestellt und der mutmaßliche monatliche Verbrauch durch Division mit 12 den monatlichen Selbstkosten in einem unveränderlichen Anteil zugeschlagen (Normalzahlen). Schwankungen in den Betriebsverhältnissen bleiben unberücksichtigt. Oder man verteilt die Kosten der Hilfsbetriebe nach feststehenden Prozentanteilen auf die Hauptbetriebe oder endlich .... die Kosten werden individuell verteilt. Die Generalunkosten (Handlungsunkosten, Abschreibungen, Unterhalt des Gesamtbetriebes usw.) werden in dem einen Werk nur auf die Hauptbetriebe im Verhältnis der Lohnsummen, in einem anderen Betriebe nur auf einige Hauptbetriebe, beispielsweise Hochofen, Gießerei, Walzwerk, oder nur auf einige Hilfsbetriebe, endlich in fortgeschrittenen Kostenberechnungen auf Haupt- und Hilfsbetriebe dem Verbrauch entsprechend verteilt. Demgemäß werden in manchen Hüttenbetrieben Selbstkosten nur für die Hauptprodukte der Teilprozesse (Koks, Roheisen, Ingots, Blooms, Walzwerkfabrikate), nicht aber für die Nebenprodukte (Gas, Ammoniak, Teer) berechnet."[1] Die Betriebsleitung wählt diejenige Berechnungsweise, die ihr aus praktischen Rücksichten nach Lage des Falles die zweckmäßigste zu sein scheint. Auch wenn in einem Land etwa handelsrechtlich oder steuergesetzlich besondere Richtlinien für solche Buchungen vorgeschrieben sind, so ist die Betriebsleitung doch ungehindert, für ihren internen Gebrauch, insbesondere zu dem praktischen Zweck der Preiskalkulation, so zu rechnen, wie sie es für klug hält. Der „Schlüssel" für diese Verteilung des Kostenaufwands ist gewöhnlich das Ergebnis von Verhandlungen, die zwischen den beteiligten Betriebsabteilungen geführt werden.

Die moderne Betriebswirtschaftslehre, die sich mit dem Problem der Selbstkostenberechnung eingehend befaßt, hat die Unmöglichkeit einer exakten Verteilung der Kosten auf die einzelnen Produkte einer Mehrzahl von „Kuppelprodukten" (Schmalenbach) in solchen kombinierten Betrieben längst festgestellt. Dabei ist sie, und zwar für die Praxis gewiß mit vollem Recht, zu der Ansicht gelangt, daß die „Unmöglichkeit der Selbstkostenberechnung" im allgemeinen nicht schwer zu nehmen sei und nur in Ausnahmefällen, zum Beispiel bei der Durchführung von Preisvorschriften, wie sie die Kriegszeit hervorgebracht hat, ein fühlbarer Mangel sein könne. Desto wichtiger ist das Problem der Selbstkostenberechnung aber für die Werttheorie. Denn wenn anerkannt werden muß, daß keine Möglichkeit besteht, die Kosten der Herstellung eines Kuppel-

[1] Aus Fr. Leitner, Die Selbstkostenberechnung industrieller Betriebe, 4. Aufl., 1913, S. 151.

produkts objektiv richtig festzustellen, so besteht eine solche Möglichkeit ebensowenig und erst recht nicht für das Maß des Arbeitsaufwands, der hinter diesen Kosten steckt (gleichviel, ob man mit Karl Marx auf das Maß der gesellschaftlich notwendigen Arbeitszeit abstellt oder ob man das für die Herstellung einer Ware erforderliche Arbeitsquantum in irgendeiner anderen Weise definiert). Offensichtlich ist nur, daß die Gesamtheit der Kuppelprodukte einen Gesamtertrag abwerfen muß, der die Existenz des Unternehmers des Gesamtbetriebs sicherstellt. Der letzte Bestimmungsgrund für die Untergrenze der Preisbildung am Markt besteht immer in der Notwendigkeit, daß jeder Produzent, dessen Tätigkeit volkswirtschaftlich nötig und staatswichtig ist — von den Voraussetzungen der Staatswichtigkeit wird im späteren Zusammenhang noch die Rede sein —, einen für seine Existenz genügenden Gesamtverdienst findet, ohne daß es hierfür darauf ankommt, welchen Teil seines Gesamtverdienstes er dieser oder jener speziellen Ware verdankt. Ist aber jene Notwendigkeit erfüllt, so ist durchaus die Möglichkeit gegeben, daß der Preis für die eine oder die andere Ware, auch auf die Dauer, unter ihren Selbstkosten bleibt.

In der Landwirtschaft spielt das Problem der Selbstkostenberechnung die gleiche Rolle und ist auch grundsätzlich gleich zu beurteilen wie in der Industrie. Während aber im Bereich der letzteren jene besonderen Schwierigkeiten, die das Nebeneinander sogenannter Kuppelprodukte für die Berechnung der Selbstkosten mit sich bringt, ihre praktische Hauptbedeutung vorwiegend in der Großindustrie besitzen, pflegt es auf dem Gebiet der Landwirtschaft, zum mindesten in der Alten Welt, auch im mittleren und im Kleinbetrieb die Regel zu sein, daß sich der einzelne Betrieb mit der Erzeugung verschiedenartiger Produkte (Anbau verschiedener Getreidesorten, Obstbau, Geflügelhaltung, Viehzucht, Milchwirtschaft und anderes mehr) befaßt. Die Eigenart des landwirtschaftlichen Betriebs besonders in kleineren Verhältnissen, in denen der Besitzer und seine Familie selbst auf ihrem Gut arbeiten, bringt es mit sich, daß hier sogar besonders deutlich die Schwierigkeit zutage tritt, die Selbstkosten, den Gesamtaufwand an persönlicher Arbeit und an Ausgaben, auf die verschiedenen Produkte des Gesamtbetriebs rechnerisch bis ins einzelne richtig umzulegen.[1]

---

[1] Die Steuergesetze (besonders die Einkommensteuern) zeigen für diese Eigenart des landwirtschaftlichen Betriebs mitunter bemerkenswert wenig

Was schließlich das Handelsgewerbe anbelangt, so war es wohl schon seit jeher naheliegend und häufig, daß der Kaufmann sich nicht darauf beschränkte, nur mit einer einzigen Warengattung Handel zu treiben, sondern daß er eine Mehrzahl von Warengattungen, auf deren Absatz er rechnen konnte, nebeneinander feil hatte. So der Kleinhändler, der mit seinem Warenlager hausierend durch das Land zog, so auch der Händler im großen, der einst, mit seinesgleichen zu Gilden vereinigt, die Waren der Heimat in fremde Länder brachte und mit ausländischen Erzeugnissen beladen wieder heimkehrte. Der Umsatz der in der Heimat erzeugten Waren in der Heimat selbst war in früheren Zeiten aber in der Regel — bis in der merkantilistischen Zeit da und dort sogenannte „Verleger“ den Vertrieb der in einem bestimmten Handwerk erzeugten Waren in ihrer Hand zusammenfaßten — Sache des Produzenten, also des Handwerkers selbst. Dieser bot die Waren, die er erzeugte, auch selbst feil, wie dies noch heute in dem freilich sehr eng gewordenen Rahmen der Fall ist, der in der Gegenwart der handwerksmäßigen Produktion noch verblieben ist.

Auch nachdem sich im Gefolge der Gewerbefreiheit der Handel in weitem Umfang von dem Gewerbe getrennt hat (um sich im Laufe der letzten Jahrzehnte in zunehmendem Maße wieder mit ihm zu verbinden), blieb von der traditionellen Gebundenheit der Gewerbe doch noch manches auch im Betrieb des Handels sichtbar und wirksam. Wie bei der gewerblichen Erzeugung selbst, so blieb es auch beim Vertrieb der fertigen Waren im Handel die Regel, daß ein und derselbe Betrieb sich nicht mit verschiedenen, als heterogen geltenden Waren befaßte: der Buchhändler hat nichts mit Eisenwaren zu schaffen, der Eisenhändler nichts mit Wildbret und Geflügel; Geflügel und Strumpfwaren, Strumpfwaren und Schokolade usw. usw. haben nichts miteinander zu tun und gehören in verschiedene Betriebe (soweit nicht im Betrieb eines Dorfladens oder eines Hausierhandels die Kleinheit des in Betracht kommenden Marktes und die Übersichtlichkeit seiner Bedürfnisse eine Liliputkombination gestattet und nahelegt). Diese Trennung hat ihre guten Gründe. Denn der Handel mit so verschiedenartigen

---

Verständnis, indem sie mit einen gewissen Fanatismus für ein steuerlich bequemes Schema dem Landwirt spezialisierte Kosten- und Ertragsberechnungen zumuten, wo nur mehr oder weniger willkürliche Schätzungen überhaupt möglich sind.

Waren erfordert erstens eine entsprechend weiter ausgebreitete Branchekenntnis und zweitens eine um so größere Kapitalkraft, eine je großzügigere und umfassendere Kombination angestrebt wird.

Diese beiden Voraussetzungen gelang es aber allmählich zu erfüllen. Denn die Vorteile des Großbetriebs, deren Ausnützung durch die Gewerbefreiheit wo nicht erst ermöglicht, doch überall erleichtert wurde, lagen auch im Bereich des Handels klar und augenfällig zutage. Massenvertrieb erleichtert es, durch Herabsetzung des Preises, also auch des Gewinns am einzelnen Stück, den Absatz zu steigern, wohl auch Konkurrenten zu verdrängen und dadurch im ganzen einen erhöhten Gesamtgewinn zu erzielen. Vereinigt aber ein Betrieb eine Mehrheit verschiedener Branchen so genießt er noch den weiteren Vorteil besserer Risikoverteilung; bleibt einmal durch gleichviel welche Umstände der Umsatz und der Verdienst bei einer Warenart zurück, so kann ein Ausgleich durch besseren Geschäftsgang einer anderen Sparte mit um so größerer Wahrscheinlichkeit erhofft werden, je verschiedenartiger das Verkaufslager assortiert ist. Den Typus einer solchen Betriebskombination auf dem Gebiet des Handelsgewerbes zeigen in einer gewissen Vollendung die modernen großen Warenhäuser. Durch sie wird auch dem großen Publikum die Bedeutung der Erwerbskombination für die Preisbildung mit sinnfälliger Eindringlichkeit vor Augen geführt. Der große Aufschwung, den die Warenhäuser in der heutigen Volkswirtschaft genommen haben, hat denn auch in besonderem Maß dazu mit beigetragen, das Problem der gerechten Preisbildung in den Vordergrund des öffentlichen Interesses zu rücken.

§ 14.
Sonstige Einnahmequellen des Kaufmanns und die Preisgestaltung. Finanzielle Verlustwirtschaft und Kulturfortschritt.

Was für die Preisbildung verschiedenartiger Güter in Gemischtbetrieben gilt, gilt analog auch für den Fall, daß verschiedene Betriebe, einheitliche oder gemischte, zwar nach außen selbständige Rechtspersönlichkeiten sind, intern aber wie ein einheitlicher Betrieb verwaltet werden, sei es auf Grund von Vereinbarungen der verschiedenen Besitzer (Kartellierung o. dgl.) oder weil sie insgesamt einem und demselben Besitzer gehören, wobei es keinen wesentlichen Unterschied macht, ob dieser Besitzer ein Einzelunternehmer, eine Aktiengesellschaft oder sonstige Gemeinschaft oder ob er ein öffentlicher Körper ist. In der heutigen Volkswirtschaft sind solche Zusammenfassungen ganzer Betriebe eine häufige und sehr charakteristische Erscheinung. Ihr Zustandekommen wird vor allem dadurch begünstigt, daß die moderne Gesetzgebung verschiedene Rechtsformen für Gesellschaften mit beschränkter Haftung der Gesellschafter (in erster Linie die Aktiengesellschaft) ausgebildet hat, die es in einem früher nicht gekannten Maß erleichtern, große Kapitalmassen zusammenzuschweißen, wie sie von solchen Betriebskombinationen verlangt werden. Derartige Kombinationen können zwar infolge der juristischen Selbständigkeit der verschiedenen Betriebe über die Verteilung ihrer Gesamtrentabilität auf die einzelnen Betriebe nicht mit der gleichen Willkür disponieren, wie dies jede einzelne Betriebsverwaltung im eigenen Haus vermag. Aber auch hier gilt, daß ein der Kombination angehörender Betrieb (gleichviel ob ein Betrieb mit kombinierter oder mit einheitlicher Produktion), der mit Verlust arbeitet, dennoch auch auf die Dauer aufrecht erhalten werden kann, sofern die anderen Betriebe der Kombination die Existenz des Besitzers sichern und diesem das Durchhalten des Defizitbetriebs ermöglichen.

Im Ergebnis gleich liegt der Fall, daß jemand neben seinem Erwerbsbetrieb noch sonstige Einnahmequellen (Wertpapiere, Immobilien usw.) besitzt, die es ihm gestatten, jenen Betrieb auch mit Verlust durchzuhalten. Es handelt sich hier um ein Analogon zu dem Arbeitnehmer, dem der Besitz von eigenem Vermögen oder irgendeiner Rente eine gewisse Unabhängigkeit bei der Verdingung seiner Arbeitskraft verleiht. Wenn der Unternehmer ein öffentlicher Körper ist, so spielen außer der Rente aus eigenem Vermögen vor allem diejenigen Einkünfte eine Rolle, die er aus Steuern und sonstigen Abgaben bezieht und mit deren Hilfe er es ebenfalls möglich machen kann, auch Verlustbetriebe zu führen, wenn er dies aus irgendwelchen Gründen für richtig hält.

Das Durchhaltenwollen oder Durchhaltenmüssen eines Verlustbetriebes kann mancherlei Gründe haben. Es kommt vor, daß Musterbetriebe zu Forschungszwecken oder auch aus bloßer Liebhaberei eröffnet und weitergeführt werden, deren größtmögliche technische Vollkommenheit ohne Rücksicht darauf erstrebt wird, ob der Betrieb mit Gewinn oder mit Verlust arbeitet. Solche Musterbetriebe gibt es vor allem auf dem Gebiet der Landwirtschaft. Von Beispielen aus dem Bereich des Gewerbes im engeren Sinn seien die Porzellanmanufakturen genannt, die von Fürsten in älterer Zeit eingerichtet wurden und die zuweilen auch noch jetzt als Staatsbetriebe fortgeführt werden. Ähnlich verhält es sich mit Theatern, die in früherer Zeit als Liebhaberei und auch als eine Ehrensache regierender Herren selbst in kleinen Residenzen (namentlich in Deutschland) betrieben und später zuweilen von den Stadtverwaltungen übernommen wurden, auch wenn es sich um Zuschußbetriebe handelte. Auch soziale Gründe können der Schließung eines Defizitbetriebes im Wege stehen, wenn diese nämlich seine Arbeiter und Angestellten brotlos machen würde und das Verantwortungsbewußtsein des Unternehmers oder der Druck der öffentlichen Meinung dies nicht zuläßt.

Ein besonders bedeutungsvoller Fall des Durchhaltens von Verlustbetrieben ist schließlich der, daß sozusagen das eigene Schwergewicht des in einem Betrieb investierten Kapitals den Unternehmer daran hindert, die einmal gewählte Bahn der Kapitalverwendung zu verlassen. Je größer das Kapital ist, das in einem Unternehmen steckt und vollends je mehr dieses Kapital in Immobilien oder in Maschinen festgelegt ist, die nicht ohne weiteres oder überhaupt nicht auch für andere Zwecke verwendbar sind — man denke zum Beispiel an bergbauliche Anlagen —, desto weniger besteht praktisch jene Freizügigkeit des Kapitals, von deren Vorhandensein die klassische Nationalökonomie bei der Begründung ihrer Freihandelstheorie ausging. Denn in solchen Fällen kann das Kapital, das in seiner bisherigen Verwendung nicht rentiert, nicht einfach herausgenommen und einer anderen, aussichtsvolleren Verwendung zugeführt werden.

Einigermaßen erleichtert ist das Durchhalten großer Verlustbetriebe — auch Zins- bzw. Dividendenlosigkeit ist bereits Verlust für den Kapitalbesitzer —, wenn sie die Form von Aktiengesellschaften besitzen. Denn auf je mehr Besitzer das Kapital sich verteilt, desto mehr besteht die Möglichkeit, daß diese, die einzelnen Aktionäre, die ungünstigen Ergebnisse dieses Besitzes verschmerzen können (weil und wenn sie nämlich über sonstige Einnahmequellen verfügen) und daß sie daher die wenn auch vage Hoffnung auf bessere Zeiten oder auf das Erscheinen eines Kaufinteressenten einem im Fall der Liquidierung unvermeidlichen endgültigen Kapitalverlust vorziehen. Man blättere durch die Handbücher der Aktiengesellschaften aller Länder und man wird erstaunt sein, wie groß auch in normalen und guten, keineswegs nur in den jetzigen Krisenzeiten die Zahl der ständig dividendenlosen Aktiengesellschaften ist, die nicht leben und nicht sterben können und deren Dasein und Fortbestehen sich allein aus der Schwierigkeit oder Unmöglichkeit erklärt, das einmal investierte Kapital aus dem Unternehmen wieder herauszuziehen!

Es wird überhaupt zu wenig beachtet, daß außerordentlich viel in aller Welt mit dauerndem Verlust gearbeitet wird. Man pflegt sich hierüber aus dem Grund nicht im klaren zu sein, weil im Interesse der Bilanzwahrheit Verluste durch „Abschreiben" in den kaufmännischen Büchern zum Verschwinden gebracht werden, um also die effektive Lage eines Unternehmens nicht besser erscheinen zu lassen als sie ist. Dadurch wird aber die Tatsache, daß die Verluste erlitten worden sind, nicht aus der Welt geschafft. Die Wirkung der Abschreibung besteht nur darin, daß sie von nun an rechnerisch nicht mehr beachtet werden brauchen. Sie werden nicht mehr gesehen.

Bei der Sanierung eines Unternehmens nach einem starken Kapitalverlust pflegt der Nennbetrag des bisherigen Kapitals auf seinen effektiven Wert herabgeschrieben zu werden, um so zu bewirken, daß die an und für sich gleichbleibenden Betriebsergebnisse auf dieser verkleinerten Kapitalbasis eine Rendite geben, während sie zu einer Verzinsung des früheren größeren Kapitals nicht ausreichten oder sogar einen Kapitalverlust darstellten; je nachdem wird im Zuge der Sanierung das verkleinerte Kapital durch Zuführung neuer Mittel auch wieder auf die alte oder auf die sonst nunmehr erforderliche Höhe gebracht. Wenn eine solche Sanierung stattfindet, ohne daß der Besitzer wechselt, wenn also der bisherige Besitzer selbst es ist, der das etwa erforderliche neue Geld hineinsteckt, so ist klar, daß dieser, auch wenn das Unternehmen künftighin rentiert, sich selbst belügen würde, wenn er bei einer Betrachtung der Entwicklung seines Gesamtvermögens den vorher erlittenen Verlust ignorieren wollte. Was verloren ist, bleibt verloren, bis neue Gewinne es wieder hereingebracht haben. Bis dahin ist und bleibt der Betrieb ein Verlustbetrieb in diesem Sinn. Seine Erzeugnisse werden zu Preisen verkauft, die tatsächlich hinter ihren gesamten Selbstkosten zurückbleiben, die, die Zeit vor der Sanierung mit eingerechnet, in das Unternehmen gesteckt worden sind.

Ist dies richtig, so kann es aber des weiteren, vom Standpunkt des volkswirtschaftlichen Ganzen aus betrachtet, keinen wesentlichen Unterschied machen, ob der herabgeschriebene Betrieb in denselben Händen geblieben oder in die eines neuen Unternehmers übergegangen ist. Hat dieser den Betrieb zu einem verhältnismäßig billigen, dem herabgeschriebenen Wert entsprechenden Preis erworben, so ist allerdings privatwirtschaftlich der frühere Verlust an dem Vorbesitzer hängen geblieben. Volkswirtschaftlich gesehen, müssen aber die Kosten von Fehlversuchen und Fehlinvestitionen genau ebenso in die Selbstkosten des schließlichen Produkts einkalkuliert werden, wie sie der einzelne Unternehmer einkalkulieren muß, der selbst alle Versuche von Anbeginn veranstaltet hat und in der Lage ist, das Stadium der Kinderkrankheiten durchzuhalten, bis sie endgültig überwunden sind. Betrachtet man die heutige Güterproduktion unter diesem Gesichtspunkt — es wäre vielleicht der Mühe wert, ihm rechnerisch einmal genauer nachzugehen —, so wird sich recht wahrscheinlicherweise bei nicht wenigen Waren herausstellen, daß ihr Verkaufspreis unter ihren volkswirtschaftlichen Selbstkosten liegt, selbst wenn seine Höhe privatwirtschaftlich einen Gewinn abwirft.

Möglich ist dies nur, wenn und weil (dem einzelnen Unternehmer und der Volkswirtschaft im ganzen) Mittel aus jenen oben besprochenen „sonstigen“ Einnahmequellen zu Gebote stehen, die es gestatten, geschäftliche Verluste auszugleichen und Defizitbetriebe durchzuhalten, mit oder ohne Sanierung.

Dieser Gedankengang ist übrigens geeignet, nicht nur die volkswirtschaftliche, sondern auch die kulturelle Bedeutung privatwirtschaftlicher Vermögensüberschüsse ins rechte Licht zu rücken. Diese Bedeutung liegt darin, daß das Vorhandensein solchen Überflusses es der individuellen Neigung und der Unternehmungslust von Privatpersonen gestattet, Unternehmungen — wirtschaftlicher, sozialer, ethischer, künstlerischer Art usw. — ins Leben zu rufen und finanziell zu versorgen, die sonst unterbleiben oder untergehen würden, also insbesondere solche Bestrebungen zu pflegen, die, materieller Unterstützung bedürftig, auf diese sonst nicht rechnen könnten, weil sie dem Geschmack, dem Bedürfnis, dem Verständnis nur Vereinzelter entsprechen.

Man mag hierbei zunächst an Bestrebungen auf künstlerischem Gebiet denken. Unentbehrlich ist aber das Vorhandensein von Vermögensüberschüssen in privaten Händen ganz besonders auch auf dem rein wirtschaftlichen Gebiet; denn unausgesetzt gilt es auf diesem, zu wagen und zu experimentieren, wenn Fortschritte gemacht werden sollen. Für unzählige Versuche und an unzählige Phantastereien müssen erst Unmengen Geldes sozusagen zum Fenster hinausgeworfen werden, bis endlich der Kühnheit eines Pioniers der Erfolg beschieden ist. Das Geldhinauswerfenkönnen in diesem Sinne ist eine der wichtigsten Voraussetzungen des Kulturfortschritts!

Wie wäre es möglich gewesen — um einige besonders markante Beispiele zu nennen —, die Nutzbarmachung der Dampfkraft und der Elektrizität auf ihre jetzige Höhe zu bringen, wenn es an reichen Privatleuten gefehlt hätte, die überflüssiges Geld besaßen und es für Versuche und für Unternehmungen hergaben, die der ganzen Mitwelt als hirnverbrannt und lächerlich erschienen! Auf Staatsgelder hätten die Bahnbrecher auf diesen Gebieten lange warten können! Man erinnere sich der Geschichte der ersten Eisenbahnen, die selbst in den Kreisen berufener Fachleute nicht weniger für Narrenspossen erklärt wurden, wie noch vor recht kurzer Zeit jeder Gedanke an lenkbare Luftschiffe und an eine Flugmaschine. Keine Staatsregierung und kein Parlament der Welt hätte damals einen roten Pfennig an diese himmelstürmenden Gedanken gewagt. Ist es doch beinahe die Regel, daß neue Erfindungen und neue Produktionsmethoden erst ein kostspieliges, oft recht langwieriges Stadium der „Kinderkrankheiten“ durchmachen müssen, ehe sie ihre technische und dazu auch ihre wirtschaftliche Brauchbarkeit zu erweisen vermögen! Die Beispiele sind Legion, daß Erfinder und auch andere Neuerer zugrunde gehen und daß erst spätere Nachfolger auf den neugefundenen Wegen die Früchte ernten. Die früheren, auch wenn technisch gelungenen, so doch geschäftlich noch mißlungenen Versuche sind aber im ganzen betrachtet eine notwendige Vorstufe gewesen für den späteren Erfolg. Rom wurde nicht an einem Tag erbaut und tausend Fehlversuche sind oft nötig, bis der richtige Weg gefunden ist und die richtigen Vorbedingungen für den Erfolg gegeben sind. Der Aufwand an Arbeit und Kosten, der auf die Fehlversuche verwendet wurde, war daher nicht umsonst vertan, sondern war (mindestens teilweise) notwendig für den späteren Erfolg.

Je reichlichere Vermögensüberschüsse in einem Land geschaffen werden können und auf je mehr Personen sie sich verteilen, desto besser! Nur dafür muß ein „gerechter“ Staat besorgt sein, daß die Mittel und Wege der Bereicherung nicht dem moralischen Bewußtsein widersprechen und daß die breite Masse des Volkes gegen Bedrückung durch Mißbrauch der Kapitalmacht sozialpolitisch geschützt ist. Die Ansammlung privater Überschüsse ohne Not erschweren heißt aber nichts anderes als das Messer legen an diejenige Funktion der privatkapitalistischen Wirtschaftsordnung, an der diese ihre beste Rechtfertigung, die Rechtfertigung vom Standpunkt des Kulturfortschritts, findet. Wird diese Funktion verkümmert, dann mag ein wenigstens konsequent auf kommunistischer Grundlage errichtetes Gebäude der Volkswirtschaft in der Tat vielleicht besser sein als der entmannte Individualismus!

Viertes Kapitel.

Die Obergrenze der Wertgestaltung.

§ 15.
Bedürfnis und Begehr.
„Normales“ Bedürfnis und gerechter Preis.

Im vorangegangenen Kapitel wurde der Zusammenhang aufgezeigt, der zwischen dem Wert geleisteter Dienste oder verkaufter Waren und dem Existenzminimum des Arbeitnehmers bzw. des Warenverkäufers besteht: die Erlöse des Verkäufers bzw. Arbeitnehmers müssen in ihrer Gesamtheit — unter Berücksichtigung der erörterten Modifikationen — hoch genug sein, um dieses Existenzminimum zu sichern, ohne daß es hierbei notwendig auf ihr Verhältnis zu den Selbstkosten des speziellen Wertobjektes ankommt.

Die Existenz eines Menschen wird aber unmittelbar nicht sowohl durch diese Erlöse ermöglicht als vielmehr durch die Güter, zu deren Anschaffung diese Erlöse das Mittel darstellen. Daß jemand muß leben können heißt, daß die obere Grenze der Preise der Güter, deren er zum Leben bedarf, nicht über den Mitteln liegen darf, die ihm zur Verfügung stehen. Die nächste Frage ist also die nach der Beschaffenheit dieses Bedarfs.

Der herrschende Sprachgebrauch der volkswirtschaftlichen Schriftsteller bedient sich des Wortes „Bedürfnis“ für jedes Begehren, für das stärkste wie das geringste, ob notwendig oder ob entbehrlich, ob materiell oder ob immateriell, ob ethisch oder wirtschaftlich gerechtfertigt oder nicht. Leibliche Wohlfahrt, Freuden der Eitelkeit, künstlerisches Gefallen und noch vieles sonst sind mögliches Ziel der Bedürfnisse[1].

Tatsache ist aber, daß der Sprachgebrauch des täglichen Lebens das Wort Bedürfnis keineswegs mit dieser Unterschiedslosigkeit

[1] Vgl. Friedrich von Wieser, Der natürliche Wert, Wien 1889, S. 5.

auf alle Fälle menschlichen Begehrens anwendet. Er unterscheidet deutlich zwischen „bedürfen" und „begehren" und diese sprachliche Unterscheidung entspricht auch einem wichtigen begrifflichen Unterschied. Wenn zum Beispiel jemand, zu dessen Kleidung nach Landessitte eine Krawatte gehört und der sein einziges Stück verloren hat, in einen Laden geht und sich irgendein Stück auswählt, das ihm nach seinem Geschmack und nach der Preislage zusagt, so wird man wohl sagen können, daß er damit ein Bedürfnis befriedigt habe. Ebenso wenn jemand eine schwarze oder eine weiße Krawatte kauft, deren er nach Landessitte zur Trauer oder für eine Festlichkeit „bedarf". Wird man aber auch sagen, daß er ein „Bedürfnis" gerade nach diesem oder jenem farbigen Muster gehabt habe, das er schließlich auswählt? Es gibt wohl hie und da einen Fall, in dem dies bejaht werden mag; denn es gibt Menschen, die von ihrem Farbensinn, von ihrem (eingebildet oder wirklich) besonders ausgeprägten Sinn für Harmonie auch in den kleinen Äußerlichkeiten der Kleidung so beherrscht werden, daß sie in der Tat sagen können, es entspreche nur eine einzige ganz bestimmte Krawatte vermöge ihrer besonderen Form, Farbe und Zeichnung ihrem jeweiligen Bedürfnis nach einem solchen Bekleidungsstück. Aber im allgemeinen pflegt es einen unnatürlichen, gezwungenen Eindruck zu machen und Lächeln zu erwecken, wenn jemand sagt, es sei ihm ein „Bedürfnis", gerade diese oder jene bestimmte Krawatte zu wählen. Die Sprache des täglichen Lebens macht von dem Wort Bedürfnis einen sparsamen Gebrauch und stellt es in einen unzweifelhaften Gegensatz zu bloßen Wünschen und Launen. Das Sprachgefühl unterscheidet deutlich zwischen Bedürfnis und Bedarf auf der einen Seite gegenüber bloßem Begehr, bloßem Wünschen auf der anderen Seite.

Der Mensch hat ein „Bedürfnis" nach Nahrung, Kleidung, Wärme, Licht, nach Erhaltung seiner Gesundheit, nach einer gewissen Bildung, nach Erholung, nach Abwechslung, nach Anerkennung, nach Anpassung an die Lebensgewohnheiten seiner sozialen Schicht usw. Nicht zu vergessen ist auch das Bedürfnis nach ernster Betätigung, nach Arbeit um der Arbeit willen, das in der theoretischen volkswirtschaftlichen Literatur bei der Aufzählung der nennenswerten Bedürfnisse zumeist ganz übergangen zu werden pflegt, dessen Vorhandensein und volkswirtschaftliche Bedeutung aber gerade in der heutigen Zeit des Druckes einer entsetzlichen

Arbeitslosigkeit nicht zu verkennen ist: gibt es Menschen, die den bequemen Bezug einer Arbeitslosenunterstützung der Annahme von Arbeit vorziehen, so ist glücklicherweise die Zahl derer weit größer, denen es ein seelisches Bedürfnis ist, lieber schlecht bezahlt zu arbeiten als zu lungern.

Mit derartigem abstraktem „Bedürfen" verbindet sich stets die Vorstellung einer gewissen inneren Notwendigkeit — es handelt sich gewissermaßen um Eigenschaften der Menschen —, während das „Begehren" als ein Ausfluß bloßer Willkür empfunden wird, die nur denjenigen Beschränkungen unterworfen ist, denen die menschliche Willensfreiheit überhaupt unterliegt. Ein Mensch hat das Bedürfnis nach Nahrung — das bedeutet, er hat den abstrakten Trieb, sich Nahrung (Nahrung überhaupt) zuzuführen; aber zur Befriedigung dieses Triebs können ihm verschiedenerlei Nahrungsmittel zur Verfügung stehen, zwischen denen er die Wahl hat: animalische oder vegetabilische, feste oder flüssige, warme oder kalte und so weiter. Es ist ein Akt seiner persönlichen Willkür, welche Mittel er bevorzugt. Oder der Mensch hat das Bedürfnis, sich irgendwie zu bekleiden und sich dabei den äußerlichen Gewohnheiten des sozialen Standes, dem er angehört, der Standesmode, anzupassen. Aber man kann, was die Einzelheiten anbelangt, der Mode oftmals in vielfach verschiedener Weise entsprechen und nur die Willkür entscheidet über die spezielle Wahl. So ist es bei der Befriedigung mehr oder weniger aller Bedürfnisse kein innerer Drang, keine innere Notwendigkeit, sondern ein willkürliches, launisches Begehren, das sich, beim Vorhandensein auch nur der bescheidensten Auswahl, in der Nachfrage gerade nach diesem oder jenem Mittel zur Bedürfnisbefriedigung äußert. Steht zur Befriedigung des Bedürfnisses eine Mehrheit von Möglichkeiten offen, und dies ist auf der technisch hochentwickelten Stufe der heutigen Volkswirtschaft in den Kulturländern meistens in sehr weitem Umfang der Fall, so besteht also zwischen dem Bedürfnis und dem konkreten Gegenstand, der zur Befriedigung dienen soll, sehr häufig keine unmittelbare Verbindung; vielmehr wird die Verbindungsbrücke erst hergestellt durch den speziellen Begehr, der sich auf Grund des abstrakten allgemeinen Bedürfnisses auf dieses oder jenes konkrete, spezielle Befriedigungsmittel richtet.

Selbstbeobachtung und ein Blick auf das tägliche Leben lehren, daß dabei regelmäßig ein Hauptgrund, wenn nicht sogar der Hauptgrund, warum der Begehr (die Nachfrage) der Verbraucher diese oder jene Richtung nimmt, in der Preishöhe der verschiedenen Objekte liegt; eine aus irgendwelchen Gründen eingetretene Preisänderung kann unmittelbar bewirken, daß sich der Begehr erhöht oder vermindert, daß er gänzlich vernichtet oder überhaupt erst hervorgerufen wird. Es besteht also eine unmittelbare Wechselwirkung des Begehrs auf die Preisbildung und der Preisbildung auf den Begehr. Man kann somit die letzte Erklärung für die Höhe des Werts der Güter so wenig in der Gestaltung des Begehrs suchen, wie umgekehrt der Begehr aus der Preisbildung allein erklärt werden kann.

Was nun die dem Begehren der Menschen zugrunde liegenden Bedürfnisse anbelangt, so besitzen sie in ihren Grundzügen eine weitgehende Gleichförmigkeit. Diese hat ihren Grund zunächst in der Gleichförmigkeit der Bedingungen, unter denen die Menschen leben. Es sind dies teils die Bedingungen der äußeren Natur, vor allem das Klima und die Bodenbeschaffenheit, die bestimmte Anforderungen an Nahrung, Kleidung und Behausung stellen und den Menschen auf eine bestimmte Art von Nahrungsmitteln, Kleidungsstoffen und Wohnmöglichkeiten hinweisen. Klima und Bodenbeschaffenheit sind zwar in der weiten Welt außerordentlich verschieden, aber in deren einzelnen Gebieten pflegen sie von gleichförmiger Art zu sein und im wesentlichen gleichförmig auf die Menschen zu wirken. Des ferneren sind es auch innere, psychologische Faktoren, die auf die Beschaffenheit der Bedürfnisse einwirken. Dies sind insbesondere die Einwirkungen der Kultur, die in der Tradition und in den Sitten jeder menschlichen Gemeinschaft — überall verschieden, aber innerhalb jeder Gemeinschaft gleichförmig — zur Erscheinung kommen. Diese psychischen Einwirkungen stellen sich im Einzelfall als ein Ergebnis der Erziehung, der (bewußten oder unbewußten) Gewöhnung dar.

Es liegt im Begriff der Erziehung, daß sie auf ein Ziel hinarbeitet, das aus irgendwelchen Gründen für erstrebenswert gehalten wird. Alle Erziehungsprinzipien, so verschieden sie untereinander sind, sind auf irgendein ethisch, politisch, kulturell begründetes allgemeines Ideal eingestellt. Im Sinne eines jeden Erziehungsideals gibt es gute und schlechte, wünschenswerte und nicht wünschenswerte Eigenschaften. Wo überall daher eine Gemeinschaft, vor allem die Kirche oder der Staat, sich um die Erziehung der

Menschen kümmert und diese beeinflußt, ist auch der Geist und sind die Ziele der Erziehung in ihren Grundlinien bewußt einheitlich. Mit anderen Worten, es gibt überall Normen der Erziehung, und jeder einzelne Mensch kann dahin beurteilt werden und pflegt tatsächlich dahin beurteilt zu werden, inwieweit er der Norm entspricht oder von ihr abweicht.

Diese Feststellung ist werttheoretisch aus folgendem Grund von Bedeutung.

Die subjektiven Werttheorien gehen aus von der Verschiedenheit der individuellen Bedürfnisempfindungen. Diese Verschiedenheit gehe so weit, daß auch die Gestaltung der Tauschwerte, die von ihnen abhänge, sich aller inneren Gesetzmäßigkeit (abgesehen von der Wirkung des psychophysiologischen Gesetzes des abnehmenden Reizes) entziehe. Ob und inwieweit diese subjektiven Theorien den Begriff des Normalmenschen überhaupt ablehnen, ist nicht immer klar; jedenfalls aber bestreiten sie, daß er für die Wirklichkeit des Wirtschaftslebens, insbesondere für die Gestaltung des Tauschwerts, irgendwelche praktische Bedeutung habe.

Umgekehrt ist der Begriff des normalen Menschen ein notwendiger Bestandteil des Gedankenganges der objektiven Theorien, auch wenn sie diesen Begriff und seine Bedeutung nicht besonders hervorheben. Denn wenn man den Maßstab des Tauschwertes ausschließlich im Arbeits- und Kostenaufwand finden will, so geht es nicht an, gleichzeitig einer individuellen, subjektiven Verschiedenheit der Bedürfnisse einen maßgebenden Einfluß auf die Wertgestaltung zuzuerkennen. Man kann nur mit normalen Bedürfnissen rechnen, die als gleichbleibende Größen gelten und damit für die Erklärung von Wertveränderungen ausgeschaltet werden können. In den Schriften der Scholastiker, in denen die Grundlagen der modernen objektiven Werttheorien sich formten, war in der Tat die Idee des Normalmenschen durchaus lebendig[1].

Eben deshalb ist die Idee des Normalmenschen auch ein logisch unvermeidliches Korrelat der Idee eines „gerechten" Preises. Die Gerechtigkeit setzt Grundsätze voraus, die allgemeine Richtigkeit und allgemeine Gültigkeit für sich in Anspruch nehmen. Sie unter-

---

[1] Vgl. oben S. 22ff. — Ferner Brentano, Die Entwicklung der Wertlehre, in den Sitzungsberichten der philos.-philologischen und der historischen Klasse der Kgl. Bayerischen Akademie der Wissenschaften, 1908, S. 11ff., 17.

scheidet zwischen recht und unrecht, zwischen gut und böse. Auch der gerechte Preis kann sich nur nach irgendwelchen feststehenden, allgemein gültigen Gesichtspunkten von solchen anderen Preisen unterscheiden, die nicht als gerecht beurteilt werden. Die Menschen, für die der Preis gerecht sein soll, müssen also mit Eigenschaften und Empfindungen ausgestattet sein, die ihrerseits als berechtigt und der Berücksichtigung wert anerkannt werden, mit anderen Worten, mit solchen Eigenschaften und Empfindungen, die als das normale Ergebnis einer normalen Erziehung gelten können.

Allein, die Idee des normalen Menschen ist nicht bloß eine logische Voraussetzung des Gedankens einer justitia pretii, sondern sie führt überdies auch zum Postulat der justitia pretii. Denn indem der Mensch seine Bedürfnisse in irgendeinem Umfang als normal und als berechtigt empfindet, gelangt er ohne weiteres auch dazu, es als eine soziale „Ungerechtigkeit" zu betrachten, wenn eine gegebene Gestaltung der Preise der Befriedigung dieser Bedürfnisse im Weg steht.

Anerkennen, daß es Bedürfnisse gibt, die als berechtigt und normal zu bewerten sind, heißt auch die Idee des justum pretium als eine berechtigte anerkennen.

§ 16.
Erziehung der Bedürfnisse. Das Optimum des materiellen Wohlstandes.

Die Erziehung ist für die Gestaltung der Tauschwerte von unmittelbarer Bedeutung, sofern sie darauf abzielt, diejenigen Bedürfnisse, zu deren Befriedigung tauschbare Güter dienen, zu steigern oder zurückzudrängen.

Eine Steigerung dieser Bedürfnisse schwächt im Preiskampf die Stellung der Käuferseite und stärkt die Verkäuferseite, da es dem Käufer erschwert wird, seine Nachfrage zurückzuhalten, und er gedrängt ist, auch gesteigerte Preise an den Erwerb der stärker benötigten Güter zu wenden.

Einen anschaulichen Fall einer auf Steigerung materieller Bedürfnisse gerichteten Erziehung erzählt Werner von Siemens aus den Erfahrungen eines Siemensschen Hüttenwerks in Kleinasien wie folgt[1]:

„Es hat der Hüttendirektion zu Kedabeg viel Mühe gekostet, die asiatischen Arbeiter an Steinhäuser zu gewöhnen. Als dies schließ-

[1] Lebenserinnerungen, 11. Aufl., Berlin 1919, S. 216ff.

lich mit Hilfe der Frauen gelang, war damit dann auch die schwierige Arbeiterfrage gelöst. Da nämlich die Leute dort nur sehr geringe Lebensbedürfnisse haben, so liegt kein Grund für sie vor, viel zu arbeiten. Haben sie sich so viel Geld verdient, um ihren Lebensunterhalt für etliche Wochen gesichert zu haben, so hören sie auf zu arbeiten, und ruhen. Es gab dagegen nur das eine Mittel, den Leuten Bedürfnisse anzugewöhnen, deren Befriedigung bloß durch dauernde Arbeitsleistung zu ermöglichen war. Die Handhabe dazu bildete der dem weiblichen Geschlecht angeborene Sinn für angenehmes Familienleben und seine leicht zu erweckende Eitelkeit und Putzsucht. Als einige einfache Arbeitshäuser gebaut und es gelungen war, einige Arbeiterpaare darin einzuquartieren, fanden die Frauen bald Gefallen an der größeren Bequemlichkeit und Annehmlichkeit der Wohnung. Auch den Männern behagte es, daß sie nicht mehr fortwährend Vorkehrungen für die Regensicherheit ihrer Dächer zu treffen brauchten. Es wurde nun weiter dafür gesorgt, daß die Frauen sich allerlei kleine Einrichtungen beschaffen konnten, die das Leben im Hause gemütlicher und sie selbst für ihre Männer anziehender machten. Sie hatten bald Geschmack an Teppichen und Spiegeln gefunden, verbesserten ihre Toilette, kurz sie bekamen Bedürfnisse, für deren Befriedigung die Männer nun sorgen mußten, die sich selbst ganz wohl dabei befanden. Das erregte den Neid der noch in ihren Höhlen wohnenden Frauen und es dauerte gar nicht lange, so trat ein allgemeiner Zudrang zu den Arbeiterwohnungen ein, der allerdings dazu nötigte, für alle ständigen Arbeiter Häuser zu bauen. Ich kann nur dringend raten, bei unseren jetzigen kolonialen Bestrebungen in gleicher Richtung vorzugehen. Der bedürfnislose Mensch ist jeder Kulturentwicklung feindlich. Erst wenn Bedürfnisse in ihm erweckt sind und er an Arbeit für ihre Befriedigung gewöhnt ist, bildet er ein dankbares Objekt für soziale und religiöse Kulturbestrebungen. Mit letzteren zu beginnen, wird immer nur Scheinresultate liefern."

Diese ganze Mentalität beruht letzten Endes auf der Vorstellung, daß es um die Wohlfahrt eines Volkes um so besser bestellt sei, je mehr und je kostbarere materielle Güter ihm zur Verfügung stehen. Als das Ziel der Volkswirtschaft erscheint: möglichst reichliche Versorgung des Volkes mit den Objekten seines materiellen Bedarfs. Je mehr die Produktion gesteigert werden kann, je mehr Güter von hinreichender Qualität an den Markt gebracht werden können und je leichter, je billiger diese Gütermenge für den Bedarf erreichbar ist, desto besser, so wird geschlossen, stehe es um die Volkswirtschaft. Der Freihandel wurde um dessentwillen vertreten, weil er die beste Politik im Dienste dieser Idee sei. Denn indem er dazu führe, daß alle Güter da erzeugt werden, wo die Natur ihrer Erzeugung am günstigsten ist, und daß sie auf den Wegen bezogen werden können, auf denen sich ihr Bezug für den Verbraucher am billigsten stellt, bewirke er, daß die Versorgung der Verbraucher so reichlich und so billig erfolgen kann, als es nach der Natur der Dinge überhaupt möglich ist.

Es kommt aber für die Wohlfahrt eines Volks, und zwar auch für seine materielle Wohlfahrt, auch auf anderes an als nur auf den Umfang und die Beschaffenheit der Gütermenge, die ihm zur Verfügung steht.

Die Mehrung des materiellen Wohlbefindens jedes einzelnen und ebenso auch die Mehrung der materiellen Volkswohlfahrt im ganzen betrachtet, hängt nicht nur davon ab, daß dem Konsum ein möglichst großes und billiges Güterquantum zur Verfügung gestellt wird, sondern mindestens ebensosehr auch davon, daß die Menschen so erzogen und gewöhnt werden, daß sie aus einem gegebenen Gütervorrat das Optimum an Befriedigung zu ziehen imstande sind. In dem Streben nach dieser Befriedigung, nach Wohlbefinden, liegt der eigentliche Sinn allen Wirtschaftens, aller Volkswirtschaftspolitik und aller Volkswirtschaftslehre. Zweck und Ziel des Wirtschaftens ist nicht die Größe des materiellen Reichtums an und für sich, sondern das Wohlbefinden der Menschen, zu dem dieser Reichtum wohl ein Haupthilfsmittel, aber doch nicht mehr als ein Hilfsmittel ist.

Für die volkswirtschaftliche Bedeutung des Unterschieds von Reichtum und Wohlbefinden gibt in der Gegenwart das industrielle Vordringen Japans auf dem Weltmarkt ein Beispiel großen Stils. Daß die japanische Industrie imstande ist, ihre Waren billiger anzubieten, als die Länder westeuropäischer Kultur es vermögen, verdankt sie zu einem wesentlichen Teil dem Umstande, daß der japanische Arbeiter mit erheblich geringeren Löhnen auskommt als der Arbeiter dieser konkurrierenden Länder. Man ist in diesen Ländern rasch bei der Hand, die japanische Konkurrenz als eine Schmutzkonkurrenz zu bezeichnen, die mit Hungerlöhnen arbeite. Aber die Kenner Japans stimmen in dem Urteil überein, daß dieses hochmütige Urteil durchaus fehlgehe: weder nach seiner Kultur und erst recht nicht nach dem Grad seiner Zufriedenheit stehe der japanische Arbeiter unter dem westeuropäischen oder amerikanischen. Die japanische Kultur sei nur eben eine andere. Dank dieser anderen Kultur besitze der Japaner in der Tat die Fähigkeit, bei hohen Arbeitsleistungen mit geringerem Aufwand als sein Konkurrent einen Lebensstandard innezuhalten, der seine Bedürfnisse befriedigt[1].

Sicherlich darf dieses Beispiel nicht zu der Folgerung verleiten, der Westeuropäer solle, um der japanischen Konkurrenz gewachsen zu bleiben, seine Lebenshaltung herabschrauben, um sie derjenigen Ostasiens anzugleichen. Herabdrückung des Lebensstandards in dem materiell anspruchsvolleren Kulturgebiet bedeutet noch lange keine Angleichung an die Kultur des Genügsameren, wenn diese letztere nun einmal eine andere ist, auf anderen Voraussetzungen beruht und andere Bedürfnisse erzeugt. Herabdrückung des Lebensstandards unter ein Niveau, das den bestehenden Kulturbedürfnissen genügt, würde auch alles eher herbeiführen als das erstrebte Wohlbefinden der Bevölkerung. Gefährdet eine ausländische Konkurrenz dank ihren geringeren Selbstkosten ernstlich den Wohlstand und das Kulturniveau des angegriffenen Volkes, so bleiben diesem daher nur die Mittel der Politik (im allgemeinen zunächst der Zollpolitik), um auskömmliche Preislagen zu verteidigen, wie sie seinen eigenen, höheren Selbstkosten entsprechen.

Damit ist aber in keiner Weise gesagt, daß sich die Menschen je nach den Umständen nicht auch sehr wohl zu einem Lebensstil mit bescheideneren materiellen Lebensansprüchen erziehen könnten als denjenigen, deren sie vordem geglaubt hatten, nicht entraten zu können. Die neue Lebensgewohnheit braucht dann der früheren kulturell nicht nur nicht notwendig unterlegen sein, vielmehr kann sie sogar über ihr stehen. Nicht nur der einzelne, sondern auch ein ganzes Volk kann dazu gelangen, bescheidener zu leben, ohne damit zugleich von seinem Kulturniveau herabzusteigen. Von seinen geistigen und charakterlichen Eigenschaften hängt es ab, wie es sein materielles Vermögen zu nützen und seelisch zu genießen imstande ist, und nicht anders wie von den Individuen, kann man dabei

---

[1] Vgl. insbesondere Isoshi Asahi, The Secret of Japan's Trade Expansion, published by the International Association of Japan, Tokyo 1934, und die dort zitierten europäischen Beurteiler, S. 59 u. 104ff.

wohl auch von den ganzen Völkern sagen, daß je höher die Kulturstufe, desto stärker die Fähigkeit ist, materielle Unzulänglichkeiten zu überwinden. Die Produktionskraft eines Volkes kann daher die gleiche bleiben und dennoch imstande sein, eine größere Menschenzahl als bisher, und zwar in kulturwürdiger Weise, zu ernähren, weil eben die Bedürfnisse dieser Menschen weniger materiell, weniger kostspielig geworden sind, als sie vordem gewesen waren. Es kann dahin kommen, daß ein Volk, das mit einer gegebenen Produktionskraft, mit einem gegebenen Nahrungsspielraum, einem Gütervorrat von im großen ganzen gleichbleibender Größe und Beschaffenheit haushalten muß, dank einer Umstellung seiner Bedürfnisse zu größerer materieller Bescheidenheit nunmehr mit diesem gleichen Gesamtvorrat sogar besser auskommt als vorher und daß es sich wohlhabender fühlt als vorher.

Außergewöhnliche Ereignisse, vor allem ein Krieg, der einem in die Weltwirtschaft stark verflochtenen Volk die Einfuhr wichtiger Güter unterbindet, können eine solche Umstellung und Einschränkung bisheriger Bedürfnisse erzwingen. Wenn während des Weltkrieges und in seinem Gefolge manche Völker zu größerer Mäßigkeit, zum Beispiel in Essen und Trinken, gezwungen waren und wenn dann mit der Zeit diese Mäßigung weitgehend zur Gewohnheit geworden ist, so bedeutete dies nichts anderes als die bessere Ausnützung eines verkleinerten Güterquantums durch den menschlichen Organismus. Die Zeit dieser erzwungenen und anfänglich mehr nur als notwendiges Übel betrachteten Mäßigkeit war lange genug, um die Völker in erheblichem Umfang derart an die einfachere Lebenshaltung zu gewöhnen, daß auch ihre Bedürfnisse sich veränderten. Aber weit entfernt, hierin einen Rückgang des Kulturniveaus zu erblicken, haben die betroffenen Teile der Menschheit im Gegenteil lernen können, daß die Not der Kriegszeit in ihren späteren Auswirkungen wenigstens in dieser Hinsicht eher zu einer Verfeinerung der Kultur geführt hat. Es ist die uralte Weisheit der großen Philosophen und aller großen Religionslehrer, die sich immer wieder bewährt und die sich nach einer stark materialistischen Periode auch stets wieder durchsetzt, daß nicht das Streben nach Vermehrung des Reichtums an materiellen Genußmöglichkeiten, sondern die Vereinfachung des äußeren Lebens der sicherere Pfad zur Zufriedenheit ist.

Die Erkenntnis des Unterschieds zwischen volkswirtschaftlichem

Maximum und Optimum ist von ausschlaggebender Bedeutung für die ganze Stellungnahme zu dem derzeit stark in den Vordergrund des praktisch-politischen Interesses gerückten Problem der Autarkie.

Wenn von berufener Seite heute gesagt wird:[1] „Die Welt muß wieder einmal von neuem die Binsenwahrheit erkennen lernen, daß der Handel am besten gedeiht, wenn er frei von Fesseln ist", so ist dies zwar in dem Sinne unbedingt zutreffend, daß die Freiheit des internationalen Verkehrs imstande ist, einem in diesen verflochtenen Land größere Gütervorräte aller möglichen Arten billiger zu beschaffen, als es ihm in einem mehr oder weniger autarkischen Zustand möglich wäre, ihm also materiellen Reichtum in größerem Umfang zu gewähren als die Autarkie es vermöchte. Aber ein geringeres Maß von materiellem Reichtum als das bei vollem internationalem Freihandel erzielbare Maximum kann dennoch dann wertvoller als dieses Maximum sein, wenn es sich mit einem höheren Maß politischer Unabhängigkeit und daher auch einem höheren Maß von Rechtssicherheit (vgl. oben S. 64) verbindet, als die internationale Verflechtung zu bieten vermag, solange es nun einmal eine Vielheit selbständiger Staaten mit voller Souveränität und die Möglichkeit von Kriegen, Blokaden usw. zwischen diesen gibt.

Der wirkliche Wohlstand eines Volkes läßt sich von keinen Kurszetteln, keinen Lohnlisten und keinen Tabellen des internationalen Handelsverkehrs einfach ablesen, so wahr die Befriedigung der Bedürfnisse nicht bloß von der Gütermenge abhängt, die zur Verfügung steht, sondern vor allem auch von der Beschaffenheit der Menschen selbst und von der Art, wie sie an Leib und Seele erzogen werden.

§ 17.
Die Grenzen der Erziehbarkeit und das Streben nach Geld.

Der Erziehbarkeit der Bedürfnisse sind von der Natur gewisse Grenzen gezogen.

I. Eine dieser Grenzen beruht auf dem Gesetz des abnehmenden Reizes, dessen Geltung auch für den Reiz des Erwerbs und des

[1] Jahresbericht der Bank für Internationalen Zahlungsausgleich für 1935/1936, Seite 11.

Besitzes wirtschaftlicher Güter als unbestritten angesehen werden darf, wie immer man sich im einzelnen zu den Grenznutzentheorien stellen mag, die auf ihm aufgebaut sind. Erziehung, geistiges und körperliches Trainieren können es zwar dahin bringen, die Widerstandskraft gegen Ermüdung zu stärken, das Tempo also zu verlangsamen, in dem die Aufnahmefähigkeit für neue Reize nachläßt, und den Zeitpunkt hinauszuschieben, in dem sie endlich völlig erlahmt und in einen Zustand der Übersättigung umschlägt. Keine Erziehung und keine Willensstärke, keine Kraft des Trainierens reicht aber aus, um die schließliche Ermüdung völlig zu verhindern.

Immerhin kann das Gesetz des abnehmenden Reizes unter gewissen Umständen zu praktischer Bedeutungslosigkeit herabsinken.

Bei jedem Austausch von Gütern vergleicht normalerweise jeder der Tauschenden den Nutzen, den ihm der Besitz des wegzutauschenden Gutes bedeutet, mit dem Nutzen des Besitzes des einzutauschenden Gutes. Diese Vergleichung ist verhältnismäßig einfach zu analysieren, wenn es sich um ein Tauschgeschäft im eigentlichen ursprünglichen Sinn handelt, nämlich um den unmittelbaren Austausch von Gebrauchsgegenständen mit anderen Gebrauchsgegenständen (nicht Geld), wie es auf der Stufe der Naturalwirtschaft die Regel bildet. Aristoteles konnte in seiner Nikomachischen Ethik (V, 8) sagen, daß so viele Paar Schuhe für ein Haus bezahlt werden müssen, soviel stärker das Bedürfnis nach dem Werk des Baumeisters als nach dem des Schusters sei; das Austauschverhältnis sei dann gerecht, wenn vermöge des Austausches auf beiden Seiten Bedürfnisse von gleicher Stärke befriedigt werden[1]. Allein das typische Geschäft des Wertverkehrs ist heute nicht mehr der Tausch, sondern der Kauf, also ein Geldgeschäft. Der Tausch ist heute so wenig mehr typisch, daß er nach den herrschenden Rechtsbegriffen überhaupt nur noch als eine Verbindung zweier Kaufverträge betrachtet wird. In der Regel wird beiderseits die Ware zunächst in Geld bewertet und mit dem Geldwert der anderen Ware verglichen. Die beiderseitigen Geldleistungen werden dann, auf Grund einer stillschweigenden Kompensation, eliminiert und verschwinden.

In großem Maßstab begegnen solche Fälle in der Gegenwart zuweilen im internationalen Verkehr, wenn infolge territorialer

---

[1] Vgl. oben S. 22.

Devisensperren oder sonstiger Transferschwierigkeiten die Waren zweier Länder gegeneinander gehandelt werden, ohne daß eine Geldleistung in den Verträgen festgelegt ist (zum Beispiel Kaffee aus Brasilien gegen Steinkohlen aus dem Deutschen Reich). Aber die Abschätzung des Wertes der Waren, die zum Geschäftsabschluß führt, erfolgt auch hier dennoch stets in Geld; es wäre schwer denkbar, wie ein solches Geschäft praktisch überhaupt in anderer Weise zustande kommen könnte. Nur in Ausnahmefällen kann der Tausch im engeren Sinn, also ohne alle auch nur gedankliche Zuhilfenahme von Geld, auch heute noch zu einer gewissen Bedeutung gelangen, nämlich dann, wenn und soweit — eben ausnahmsweise — die Geldwirtschaft so schwere Störungen erleidet, daß naturalwirtschaftliche oder doch der Naturalwirtschaft ähnliche Zustände im Verkehr des täglichen Lebens Platz greifen. Solches war während des Verlaufs des Weltkrieges in den blockierten Ländern der Fall und nach dem Kriegsende auch dort, wo das Geld durch Inflation seinen Wert derart verloren hatte, daß man verlernte und geistig gar nicht mehr imstande war, fortgesetzt und selbst für den täglichen Lebensbedarf in den Milliarden, Billionen, Trillionen des Währungsgeldes zu rechnen. Unter diesen Verhältnissen gewöhnte man sich wohl oder übel wieder einigermaßen daran, Werte zu schätzen und zu vergleichen, ohne sie sich in Geldbeträgen vorzustellen. Aber so wie sich die Entwicklungsstufe der Geldwirtschaft von der des naturalen Tauschverkehrs, der Naturalwirtschaft, nicht bloß in ihrer objektiven Struktur, sondern auch in gewissen Grundzügen der wirtschaftlichen Mentalität unterscheidet, so unterscheidet sich auch das Rechtsgeschäft des Kaufs von dem Rechtsgeschäft des Tauschs (im alten Sinn) nicht nur juristisch, sondern auch in Hinsicht auf die subjektive Einstellung der handelnden Personen: weil nämlich psychisch die Bewertung des Geldes, das beim Kauf im Unterschied vom Tausch mit begrifflicher Notwendigkeit das eine der beiden Austauschobjekte bildet, wesentlich anders geartet ist als die Bewertung beliebiger anderer tauschbarer Güter.

Während alle anderen Güter ihrer Natur nach bestimmten besonderen Bedürfnissen dienen — das Brot zur Nahrung, der Anzug zur Bekleidung, das Buch zur Belehrung, Unterhaltung oder Erbauung —, steht es dem Besitzer von Geld an und für sich vollkommen frei, für welches unter allen seinen Bedürfnissen er es verwenden will. Er kann sich ebensowohl Brot wie Anzüge oder Bücher dafür kaufen oder kann sich sonst an körperlichen Gegenständen oder an Leistungen verschaffen, was immer auf der Welt für Geld zu haben ist. Diese Dispositionsfreiheit hat ihren besonderen Wert, der den anderen Gütern fehlt. Nur dann spielt sie, was aber keineswegs die allgemeine Regel ist, praktisch keine Rolle, wenn ein Geldbesitz von vornherein zu genau bestimmten Anschaffungen dienen soll. Um ein drastisches Beispiel zu wählen: ein Säufer, der nur darauf bedacht ist, sich zu berauschen, und in dem der Besitz von Geld keinen anderen Gedanken auslöst als den, das Geld in Getränke zu verwandeln, während alle anderen Bedürfnisse bei ihm verkümmert sind, wird wohl auch den Gebrauchswert seines Geldes lediglich am Maßstab seines krankhaften Trinkbedürfnisses messen. In dem Maß wie dieses auf Grund des allgemeinen physiologischen Gesetzes bei zunehmender Befriedigung abnehmen muß, um sich schließlich völlig zu erschöpfen, ebenso muß sich damit zugleich auch der Wert des Geldes für den Säufer vermindern, wenn und weil sich mit der Geldsumme unmittelbar die Vorstellung eines bestimmten Gegenstandes verbindet, dessen Gebrauchswert seinerseits unzweifelhaft diesem Gesetz unterworfen ist.

Nur komplizierter, im Wesen aber nicht anders liegt auch der alltägliche Fall, daß jemand seine Einnahmen vollständig für seinen notwendigen Lebensunterhalt aufbrauchen und daher mit seinen Mitteln haushalten, sie auf seine Bedürfnisse möglichst exakt verteilen muß. Auch hier besteht noch ein klarer und bewußter Zusammenhang zwischen der Wertschätzung des Geldes und der Schätzung der Gebrauchsgegenstände, die mit eben diesem Geld bezahlt werden. Auch hier wird unmittelbar hinter dem Geld der Gebrauchswert dieser anderen Güter sichtbar. Wenn nun etwaige Mehreinnahmen ausschließlich dazu dienen, vermehrte Nahrungsmittel, Bekleidungsstücke, Einrichtungsgegenstände usw. anzuschaffen, und der Besitzer des Geldes auch nichts anderes mit der Mehreinnahme zu beginnen weiß, als derartige Anschaffungen immer weiter zu vermehren, so wird sich an diesem vermehrten Geldbesitz das Gesetz des abnehmenden Reizes ebenso bewahrheiten wie an den unmittelbaren Bedarfsgütern, zu deren Erwerb es dient. Insoweit ist also die herrschende Anschauung vorbehaltlos als zutreffend anzuerkennen, die Friedrich von Wieser[1] mit den

[1] A. a. O., S. 46.

Worten wiedergibt: „Der Tauschwert des Geldes ist der antizipierte Gebrauchswert der für das Geld anzuschaffenden Dinge. Das Gesetz, welches für diesen gilt, beherrscht daher auch jenen: Bedarf und Vorrat entscheiden, so wie sie sich im Grenzwert ausdrücken."

Allein, dieser Gedankengang trifft nur insoweit zu, als mit der Vorstellung eines bestimmten Geldbetrages in der Tat, und sei es auch nur vage, die Vorstellung bestimmter materieller Gegenstände und ihres Gebrauchswertes zusammenhängt, die um jenen Betrag angeschafft werden sollen. Dieser klare Zusammenhang beginnt sich zu verwischen, sobald der Haushalter Geld zurücklegt und dabei nicht mehr an bestimmte Anschaffungen denkt, zu denen seine Ersparnisse dienen sollen, sondern nur ganz im allgemeinen daran, mehr Geld zu besitzen, wohl sogar ohne bestimmte Vorstellung, ob er es überhaupt wieder ausgeben wird. Damit geht eine Wandlung in der psychischen Einstellung zum Geldbesitz vor sich, die von wesentlicher Bedeutung ist. Denn in unendlich vielen Fällen ist Gelderwerb und Geldbesitz nicht das Mittel zum Erwerb tauschbarer Güter oder Leistungen, sondern wird erstrebt und dient zur Befriedigung seelischer Bedürfnisse, zur Erlangung und Erhaltung gewisser gefühlsmäßiger Werte, die, wenn auch ohne materiellen Unterbau nicht denkbar, doch für sich selbst überhaupt keinen Preis haben, um den sie verhandelt werden könnten: vor allem des Gefühls materieller Unabhängigkeit und Sorglosigkeit. Die Erfahrung des Lebens lehrt, daß die Abnahme des Reizes vermehrten Geldbesitzes in solchen Fällen so langsam und so gering zu sein pflegt, daß diese Abnahme praktisch gleich Null bewertet werden kann und daß denn auch das Streben nach Vermehrung des Geldbesitzes so gut wie unvermindert weitergehen kann. So falsch es ist, die wirtschaftliche Welt so zu beurteilen, als wäre sie von einem allgemeinen Streben nach größtmöglichem Gewinn beherrscht (s. oben S. 54), so wenig darf verkannt werden, daß tatsächlich das Geld ein Gut ist, dessen Erwerb und Besitz sozusagen unendlicher Vermehrung fähig ist, ohne notwendig zu Übersättigung zu führen.

In einer Zeit, die noch großenteils in der Naturalwirtschaft steckte, mußte ein unbegrenztes Streben nach Gold und Geld ganz natürlicherweise als etwas Häßliches, ethisch Verwerfliches erscheinen. Denn Gold und Geld hatten damals weit allgemeiner als heute nur die Bedeutung eines Mittels zur Erlangung sinnlicher

Genüsse. Unersättlichkeit jenes Strebens, die auri sacra fames, erschien daher folgerichtig als Zeichen hemmungsloser Genußsucht und, da die grobsinnliche Genußfähigkeit ihre engen Grenzen hat, als letzten Endes zwecklos und töricht. Dies um so mehr, als auch wirtschaftliche Sicherheit und politische Macht sich damals weit mehr auf Landbesitz gründeten als auf Geld, dessen Verkörperung in Wertschriften aller Art, die leicht zu manipulieren und relativ sicher zu verwahren sind, im großen ganzen ja erst der Neuzeit angehört. Die Ethik späterer Zeiten ist von jener grundsätzlichen Verwerfung und Verachtung des Geldes allmählich abgekommen. Sie beurteilt den Erwerb und den Besitz von Geld in erster Linie nach dem Gebrauch, den man von ihm macht. Dieser aber kann ethisch ebensowohl gut als verwerflich sein. Die Macht des Geldes kann ebensowohl zu Werken edler Philanthropie, für die Förderung des gemeinen Wohles, kurzum zu tausenderlei guten Zwecken in uneigennütziger Weise dienen, wie sie auch zu üblen Taten und zu kulturwidrigen Zielen gebraucht werden kann. Es gibt nichts Gutes unter der Sonne, was nicht auch des Mißbrauchs fähig wäre. Auch das Geld an sich ist weder gut noch böse; es kommt auf den Willen des Menschen an, dem das Geld dient.

II. Die zweite Grenze für die Erziehbarkeit der Bedürfnisse ist dadurch gegeben, daß die materiellen Bedürfnisse des Menschen, soweit man sie auch zurückdrängen mag, doch niemals völlig beseitigt werden können. Das Existenzminimum mag noch so tief, aber es kann nicht auf den Nullpunkt herabgedrückt werden. Der Mensch kann nicht bloß „von der Luft“ leben. Der menschliche Körper hat einen natürlichen Mindestbedarf an Nahrungsmittelzufuhr. Auch ein Mindestbedarf an Kleidung u. a. ist, mindestens außerhalb der Tropen, unabweisbar, mögen die materiellen Ansprüche noch so bescheiden sein. Je nach dem Stand der Kultur melden sich weiterhin verfeinerte, geistige Bedürfnisse (zum Beispiel nach Belehrung), deren Befriedigung materieller Mittel nicht ganz entraten kann. Sollen also die Menschen und ihre Kultur nicht zugrunde gehen, so muß der Preisentwicklung gewisser Güter eine obere Grenze gesteckt sein. Die Preise müssen erschwingbar bleiben. Bedarf der Mensch eines Mindesteinkommens, um leben zu können, so bedeutet dies nicht nur das Vorhandensein einer Untergrenze für die Preise, die er vereinnahmt, sondern zugleich auch eine Höchstgrenze derjenigen Preise, die er für seinen materiellen Bedarf verausgaben muß.

So wenig nun jemand im allgemeinen gehindert ist, umsonst zu arbeiten oder Waren zu verschenken, wenn seine Lebensverhältnisse ihm dies gestatten, das heißt wenn er von anderen Einnahmequellen als dieser Arbeit und diesem Warenbesitz leben kann, ebensowenig ist umgekehrt jemand an und für sich gezwungen, gegen Entgelt überhaupt zu arbeiten oder sich von einem Besitz zu trennen, mag ihm auch noch so viel dafür geboten werden. Hat er den Willen und erlauben ihm seine Verhältnisse, einen Verdienst zu verschmähen, so wird keine Intensität und keine Kaufkraft des Begehrs, kein noch so hohes Preisgebot imstande sein, das Zustandekommen eines entgeltlichen Geschäfts mit ihm zu erzwingen. Der Preis des Objekts ist dann sozusagen unendlich hoch, somit schlechthin unerschwinglich.

Es besteht aber die Möglichkeit, daß Güter, und zwar dauernd, zu einem höheren Preis umgesetzt werden können als demjenigen, den die Käuferschaft dann bezahlen würde, wenn der Preis nur von ihrem Bedürfnis abhinge. Der Absatz von Gütern kann erzwungen werden, auch wenn ganz offenkundig nicht das geringste Bedürfnis der Käuferschaft nach ihnen besteht. Es kam in der merkantilistischen Zeit wenn auch nicht häufig, so doch auch keineswegs nur als Ausnahme vor, daß vermögenden Teilen der Bevölkerung von Obrigkeits wegen ein Kaufzwang für gewisse Güter auferlegt wurde. Unter Friedrich dem Großen wurden beispielsweise die Königsberger Kaufleute gezwungen, jährlich für 50000 Reichsthaler preußische Seidenwaren zu kaufen, wenn sie mit fremden Seidenwaren Handel nach Polen treiben wollten; Juden, wenn sie heiraten wollten, mußten für 100 Thaler Porzellan aus der königlich preußischen Porzellanfabrik kaufen und exportieren. Daß die Fälle solchen Kaufzwangs nicht sehr häufig waren und auch stets bald wieder zu verschwinden pflegten, beweist nichts gegen die Möglichkeit, einen Kaufzwang dauernd aufrechtzuerhalten. Die Betroffenen konnten dem Zwang folgen, wenn und weil ihre Mittel trotz der unfreiwilligen Ausgabe hinreichten, um ihren Lebensunterhalt zu decken. Solange diese Voraussetzung zutraf, konnten die Käufe erzwungen werden so gut wie irgendeine Steuerauflage. So gut wie irgendeine Steuer, die den Tauschverkehr belastet, kann ein derartiger Kaufzwang auch sozusagen in alle Ewigkeit fortgeführt werden. Er ist genau besehen nichts anderes als eine verkappte Steuer. Der so selbstverständlich klingende Satz, daß keine Produktion auf die Dauer denkbar sei, der nicht ein Bedürfnis nach ihren Erzeugnissen gegenüber steht, ist somit nur cum grano salis richtig. Es ist durchaus möglich, daß eine Produktion durch kein anderes Bedürfnis am Leben erhalten wird als durch das Geldbedürfnis des Staates oder eines anderen mit entsprechender Zwangsgewalt ausgestatteten Produzenten.

Es ist auch keineswegs so, daß die Fälle eines Zwanges, bestimmte Güter zu kaufen oder bestimmte Dienste in Anspruch zu nehmen, etwa mit der Herrschaft einer protektionistischen Wirtschaftspolitik notwendig zusammenhingen. Sie kommen auch auf dem Boden einer durchaus freihändlerischen Wirtschaftsverfassung vor, nur daß hier nicht die Obrigkeit, sondern private Gewalten es sind, die abhängige Personen, mitunter ganze Personengruppen dazu nötigen, ihr gutes Geld für Zwecke auszugeben, die ihnen gleichgültig oder sogar zuwider sind. Es gibt dabei alle möglichen Abstufungen vom offenen Zwang bis zu einem so leichten moralischen Druck, daß sich kaum noch erkennen läßt, ob der diesem nachfolgende Begehr noch freiwillig oder nur erzwungen ist; man denke beispielsweise an den nicht seltenen Fall, daß eine politische oder eine Berufsorganisation Personen, die auf ihr Wohlwollen angewiesen sind, zum Bezug einer Zeitschrift veranlaßt, die der unfreiwillige Bezieher achtlos beiseitelegt oder ärgerlich in den Papierkorb wirft. Ein Beispiel von genereller Bedeutung für die Möglichkeit, den Absatz von Waren zu erzwingen, auch wenn kein Bedürfnis nach ihnen hervortritt, bildet vor allem das Trucksystem, das gerade in solchen Ländern, in denen der Grundsatz der Nichteinmischung des Staates in die Vorgänge des Wirtschaftslebens zur Herrschaft gelangt war, lange Zeit im Schwunge gewesen ist: Arbeiter oder Hausindustrielle werden von dem Unternehmer genötigt, allerlei Waren, die sie gar nicht begehren, von ihm zu beziehen und sich ihren Geldwert auf den Lohn anrechnen zu lassen oder notwendige Rohstoffe oder Werkzeuge teurer bei dem Arbeitgeber oder einem Strohmann des Arbeitgebers einzukaufen, als sie sie anderswo erhalten könnten. Für die Arbeitnehmer kommt dieser Zwang im praktischen Ergebnis auf eine Verringerung ihres Lohnes hinaus. Sie können dies ertragen, wenn und solange sie im ganzen trotzdem noch auf ihr Existenzminimum kommen. Denn die Notwendigkeit einer oberen Preisgrenze besteht nur für die Güter des notwendigen Bedarfs.

Unter dieser Voraussetzung, daß zur Deckung des Existenzminimums im ganzen noch ausreichende Mittel zur Verfügung bleiben, können die Preise aller Güter, die nicht zum notwendigen Lebensbedarf gehören, so hoch gehalten werden, als eine überlegene wirtschaftliche Macht dies für gut findet, auch, wie gezeigt, über das Maß des Bedürfnisses hinaus. Nur wenn die Preise unentbehrlicher Güter, namentlich des Brotes und anderer landesüblicher Nahrungsmittel, unerschwinglich werden, dann freilich mit eherner Gewißheit, tritt das Preisgesetz (s. oben S. 87) in Wirkung, das der Überteuerung wie der Untereinnahme gewisse Grenzen zieht. Gleichzeitig reagiert der Selbsterhaltungstrieb der Menschen und verlangt, daß die Obrigkeit sich der Preisgestaltung annehme, um es nicht zu Hunger und Elend oder zu einer gewaltsamen Beseitigung der bestehenden Rechtsordnung kommen zu lassen.

Fünftes Kapitel.

Die Einwirkung des Staates auf die Gerechtigkeit der Preisbildung.

§ 18.
Ausbeutung von Vertragsgegnern.

Die Staatsgewalt nimmt sich der Verwirklichung der justitia pretii zunächst in der Weise an, daß sie Rechtsgeschäfte verbietet oder die Anfechtung ihrer Ergebnisse gestattet, wenn sie den sittlichen Geboten in bestimmter Weise zuwiderlaufen. Sie gestattet oder befiehlt dem Richter, unter bestimmten Voraussetzungen an die Stelle des zwischen den Parteien für eine Leistung vereinbarten Entgeltes ein anderes, nämlich ein gerechtes (oder doch gerechteres) Entgelt treten zu lassen. Von der Entstehung und Entwicklung der diesbezüglichen Rechtsgrundsätze, insbesondere auf dem Boden des römischen Rechts, ist in großen Zügen bereits oben die Rede gewesen.

Es handelte sich dabei zuerst um die Anfechtung von Rechtsgeschäften und die Berichtigung der Preisabreden wegen Betrugs, sodann auch wegen wesentlichen Irrtums beim Vertragsschluß. Eine weitgreifende Ausdehnung solcher Möglichkeiten vollzog sich unter dem Gesichtspunkt des Wuchers.

Ursprünglich hatten sich die Eingriffe in die Vertragsfreiheit der Parteien wegen Wuchers auf die Zinshöhe bei Darlehensgeschäften beschränkt. In neueren Gesetzgebungen wurde die Anfechtbarkeit von Rechtsgeschäften wegen wucherischer Ausbeutung aber auch auf andere Arten von Rechtsgeschäften ausgedehnt, mitunter auf das gesamte Gebiet der entgeltlichen Geschäfte. Wo der gesetzliche Begriff des Wuchers nicht weit genug gefaßt ist, um einen Tatbestand wucherischen Charakters zu ergreifen, da kann nach den Umständen des Falles der allgemeine Gesichtspunkt, daß eine Abmachung die guten Sitten verletze, die Anfechtung ermöglichen[1]. Welche Geschäfte und welche Preisvereinbarungen im einzelnen gegen die guten Sitten (contra bonos mores) verstoßen und daher der Aufhebung oder Abänderung fähig sind, pflegt freilich zu verschiedenen Zeiten und in verschiedenen Ländern sehr verschieden beurteilt zu werden. Je mehr die Zeit aber der grundsätzlichen Bejahung des Rechts und der Pflicht des Staates zuneigt, zum Schutz des wirtschaftlich Schwachen gegen Stärkere in das Wirtschaftsleben einzugreifen, desto mehr ist sie auch der Verfeinerung des Rechtsbegriffs der guten Sitten im Wirtschaftsleben geneigt. Über die Grundlinien dieses Begriffs pflegt innerhalb eines gegebenen, von einer im wesentlichen gleichartigen Sittenlehre beherrschten Kulturgebiets eine weitgehende Übereinstimmung der Meinungen zu bestehen. Freilich hat der Schutz des Schwachen durch den Staat seinen Grund nicht immer nur in ethischen, sondern oft auch in rein politischen Erwägungen, weil nämlich der Staat die schutzbedürftigen Bevölkerungsteile braucht.

Diese politische Seite der Fürsorge des Staates für die justitia pretii tritt um so mehr hervor, je mehr es sich nicht nur darum handelt, in individuellen Fällen, in denen ein Vertragspartner durch Betrug, wesentlichen Irrtum, Wucher usw. geschädigt ist, einer ungerechten Preisbestimmung entgegenzutreten, sondern in denen generell der Schutz der Volksgemeinschaft in ihrer Gesamtheit gegen Ausbeutung in Frage kommt. Für Fälle solcher Art hat sich in der neueren Rechtsliteratur der Begriff des „Sozialwuchers" im Unterschied vom „Individualwucher" herausgebildet. Während der Individualwucher einen Angriff auf Vermögenswerte nur eines einzelnen Individuums darstellt, wendet sich der Sozialwucher gegen die Gesamtheit des Volkes. Er bedroht die Versorgung dieser Gesamtheit, indem er den Bezug von Gegenständen des notwendigen Bedarfs durch untragbare Preisforderungen oder auch schon durch solche Manipulationen erschwert, die mittelbar zur Preistreiberei dienen. Schon im Altertum kam es zuweilen, besonders in Kriegszeiten, zu Maßnahmen, die der Bekämpfung des Sozialwuchers dienten. Bereits Cäsar sah sich genötigt, mit

[1] Das deutsche bürgerliche Gesetzbuch behandelt den Wucher grundsätzlich als speziellen Anwendungsfall des Verbots von Rechtsgeschäften, die gegen die guten Sitten verstoßen, und erklärt das wucherische Rechtsgeschäft daher für nichtig.

einem umfassenden Gesetz (lex Julia de annona), das schwere Strafandrohungen enthielt, gegen die Preistreiberei mit Lebensmitteln (spekulativen Aufkauf, Zurückhaltung von Getreideschiffen u. a.) vorzugehen. Im Mittelalter war es vor allem die Kirche, die einen grundsätzlichen Kampf wie gegen den individuellen, so auch gegen den Sozialwucher führte. Aber auch zur Zeit der großen französischen Revolution sah sich der Konvent, Teuerung und Hungersnot vor Augen, trotz aller Freiheitsschwärmerei schließlich zu Maßnahmen gezwungen, mit denen er die wirtschaftliche Freiheit beschränkte, um exorbitante Preisgestaltungen, namentlich für notwendige Lebensmittel, zu verhindern. Schwierige Zeiten haben stets und überall zu derartigen Kampfmaßnahmen geführt, wie umgekehrt die Wiederkehr normaler Zeiten sie auch stets wieder verschwinden ließ.

Das neueste Beispiel großen Umfangs hat sich im Gefolge des Weltkrieges eingestellt. Mit Höchstpreisen und mit einem bis ins einzelne ausgebildeten System von administrativen und Strafmaßnahmen suchte man allerwärts in den durch den Krieg in Mitleidenschaft gezogenen Staaten eine Ausbeutung der allgemeinen Notlage durch Preistreiberei hinsichtlich wichtiger Güter zu verhindern. Als die längstlebigen unter diesen Bestrebungen der Kriegszeit erwiesen sich vielfach diejenigen, die speziell den sogenannten Mietwucher, die Gestaltung der Mietpreise für Wohnungen, betreffen. Sie kommen dem Verlangen der Mietergruppen entgegen, die sich gegen die Hausbesitzer zusammengeschlossen hatten und von dem Staat forderten, daß er die Mietpreise zwangsweise unter dasjenige Niveau senke, das bei voller Vertragsfreiheit, also dann zustandekommen müßte, wenn die Hausbesitzer, deren wirtschaftliche Machtstellung der Regel nach die stärkere sei, diese Überlegenheit voll ausnützen können.

Das entscheidende Kennzeichen des Wuchers haben Gesetzgebung und Gerichtspraxis fast allgemein seit jeher in dem Verhältnis bzw. Mißverhältnis der konkreten Leistung zur konkreten Gegenleistung, in einer den üblichen Geschäftsgewinn übersteigenden Preisfestsetzung, also in der Höhe des isolierten Stückgewinns (s. oben S. 35) erblickt. In der Praxis aber, vor allem bei der Bekämpfung des Sozialwuchers, erwies sich nicht nur die Frage als schwierig, ob im konkreten Fall der so und so tatsächlich festgestellte Gewinn in zulässigen Grenzen blieb oder ob er als übermäßig und wucherisch anzusehen war, sondern es zeigte sich auch, daß schon die Vorfrage, wie der Gewinn überhaupt zu berechnen ist, den Richter angesichts der Kompliziertheit der heutzutage für Kalkulationen in Betracht kommenden Verhältnisse oftmals vor Schwierigkeiten stellt, die schon rein technisch kaum zu überwinden sind.

Um dieser Schwierigkeiten Herr zu werden, wurde vielfach zu dem einfachen Mittel einer genauen Fixierung von Höchstpreisen, Höchstzinsen usw. gegriffen, deren Überschreitung unter Strafe gestellt wurde. Nicht weniger schematisch ist die Methode, den Tatbestand des Wuchers dann als erfüllt anzusehen, wenn bei einem Geschäft der Gewinn die Selbstkosten um mehr als einen bestimmten Prozentsatz übersteigt. Bleibt aber die, wie schon oben besprochen, mitunter außerordentlich schwierige und mehr oder weniger der Willkür überlassene Feststellung der Selbstkosten und die oft nicht minder schwierige Feststellung der von dem Bruttogewinn abziehbaren Spesen dem Richter überlassen, so kommt dieses Verfahren darauf hinaus, daß tatsächlich der Richter nach seinem freien Ermessen den richtigen, gerechten Preis zu bestimmen hat.

In der deutschen Rechtsprechung fand das Ermessen des Richters seine Schranke in der Praxis des Reichsgerichts, das unendlichen Fleiß darauf verwendet hat, eine Kasuistik der berechtigten Gestehungskosten einer Ware (Einkaufspreis, Maklergebühren, Risikovergütung, Geschäftsunkostenanteil und sonstige berechnungsfähige Spesen) aufzustellen. Zwar bestimmte die Preistreibereigesetzgebung der Kriegs- und Nachkriegszeit — sie gilt bezüglich des Mieterschutzes noch jetzt —, daß die Übermäßigkeit eines Gewinns oder Verdienstes „unter Berücksichtigung der gesamten Verhältnisse“ festgestellt werden soll. Dennoch vertrat das Reichsgericht seinen „Grundsatz der isolierten Gewinnberechnung“ mit starrer Konsequenz. Und was war das Ergebnis aller dieser minutiösen Arbeit und Sorgfalt, die pedantisch an dem isolierten Stückgewinn haften blieb? Die Praxis der Gerichte wie auch die der amtlichen Preisüberwachungsstellen geriet in immer offenkundigeren Konflikt mit den Erfordernissen des Verkehrs und mit dem Rechtsempfinden gerade der anständigen und soliden Geschäftswelt. Die Vernichtung des Wirtschaftslebens, die die strikte Befolgung der Grundsätze des Reichsgerichts bedeutet hätte, sei nur dadurch vermieden worden, daß sich die Geschäftswelt wenig an diese Rechtsprechung gehalten hat, urteilte ein kompetentes Mitglied des Reichsgerichts selbst[1].

Der Gedanke, daß ganze große Teile der Bevölkerung eines generellen Preisschutzes bedürfen, greift aber weit über den Rahmen hinaus, innerhalb dessen der sogenannte Sozialwucher durch derartige Gelegenheitsgesetze in Kriegs- oder anderen Notzeiten erfaßt wurde. Er umschließt einen wesentlichen Teil des Fragenkomplexes, den man als die soziale Frage zusammenzufassen pflegt. Wenn insbesondere die Arbeiterschaft um einen „gerechten Lohn" kämpft, weil sie sich „ausgebeutet" fühlt, so ist dieser Begriff der Ausbeutung nichts anderes als eine Anwendung und Erweiterung des Wucherbegriffs.

Beim Schutz des Arbeitnehmerinteresses handelt es sich um einen Schutz der Preis- bzw. Lohnempfänger, also darum, daß das tatsächliche Lohnniveau unter dem gerechten Niveau liege und demgemäß erhöht werden soll. Beim Schutz des Mieterinteresses handelt es sich umgekehrt um einen Schutz derer, die einen Preis schulden; hier wird also eine Senkung des umkämpften Preisniveaus angestrebt. Für beide Fälle ist aber nach dem, was schon oben dargelegt wurde, klar, daß sich der Sachlage nur gerecht werden läßt, wenn man den Preis nicht bloß in seiner Beziehung zu seiner speziellen Gegenleistung ins Auge faßt, sondern gleichzeitig in seinem Verhältnis zum Gesamteinkommen der Partei, sei es, daß diese den Preis, dessen Abänderung sie verlangt, empfängt (Lohn) oder entrichtet (Mietzins). Denn das Lohnniveau ist nun einmal völlig verschiedener Beurteilung fähig und bedürftig, je nachdem der Arbeiterschaft auch andere Einnahmequellen von Bedeutung neben dem Arbeitsverdienst zu Gebote stehen oder nicht; und ebenso das Niveau der Wohnungsmiete, je nachdem es eine größere oder eine kleinere Quote der in Frage kommenden Haushaltungsbudgets ist, die als Mietzins ausgegeben werden muß.

§ 19.
Unlauterer Wettbewerb zwischen Konkurrenten.

Im vorstehenden wurden solche Mängel der Preisgestaltung besprochen, die in einem Mißverhältnis von Leistung und Gegenlei-

[1] Reichsgerichtsrat A. Zeiler, Der zulässige Verkaufspreis nach der Preistreibereiverordnung, 1922, S. 31.

stung bestehen, die also das Verhältnis derjenigen Parteien zueinander betreffen, die sich beim Abschluß eines entgeltlichen Vertrags gegenüberstehen (als Käufer und Verkäufer, Mieter und Vermieter, Arbeitgeber und Arbeitnehmer usw.). Hat aber überhaupt einmal der Gedanke Eingang gefunden, daß der Staat grundsätzlich das Recht und die Pflicht hat, die Preisgestaltung vor Einflüssen zu bewahren, die dem öffentlichen Empfinden für Recht und gute Sitte in Handel und Wandel widersprechen, so führt der Weg mit Notwendigkeit auch auf das Verhältnis derjenigen Personen und Gruppen zueinander, die sich nicht als Vertragsgegner, sondern als Konkurrenten gegenüberstehen. Der Begriff, unter dem diese zweite Kategorie anfechtbarer Einflüsse auf die Preisgestaltung zusammenzufassen ist, ist der des unlauteren Wettbewerbes.

Der Begriff des unlauteren Wettbewerbs im Gegensatz zum lauteren, anständigen, loyalen Wettbewerb berührt nicht das wirtschaftliche Gebiet allein und seine Wurzeln reichen weit vor die Zeit zurück, seit der das Wirtschaftsleben seine tauschwirtschaftliche Grundlage besitzt. Er entspringt einem uralten Gefühl des Menschen dafür, daß zwischen achtungswerter und nicht achtungswerter Kampfweise zu unterscheiden ist und daß es Kampfmethoden gibt, die zu verwerfen sind. Seit uralten Zeiten hat sich der Begriff des „ehrlichen“ Kampfes herausgearbeitet. Die Sitte des irgendwie geregelten Zweikampfes hängt eng mit diesem Begriff zusammen. Mit der Zeit hat dieser Begriff sich weiter fortentwickelt. Von dem Sportgeist, von dem in der Gegenwart so viel die Rede ist, ist er nicht zu trennen. Im einzelnen mag die Praxis noch so verschieden sein, das Prinzip ist stets: daß jeder Kampf sich in Schranken halten soll, die das herrschende Anstandsgefühl billigt. Nicht jeder Vorteil, den Kraft oder Geschicklichkeit an und für sich gewähren könnte, nicht jeder günstige Zufall, der sich bietet, darf zum Schaden des Gegners benützt werden. Einer unparteiischen Leitung obliegt die Aufgabe, nötigenfalls korrigierend einzugreifen und den Regeln des Kampfes Respekt zu verschaffen.

Auf demselben Boden wie der Sinn für Kampfordnung überhaupt wurzelt auch der Sinn für eine gerechte Ordnung (fair play) im wirtschaftlichen Konkurrenzkampf. Fair play verlangt uach hier nicht nur die Ausscheidung solcher Kampfmittel, die gegen die anerkannten Ehrbegriffe verstoßen, sondern verbietet unter Umständen auch die Ausnützung durchaus natürlicher Vorteile, die einer der Parteien an und für sich zu Gebote stehen. Ähnlich wie die fairness eines sportlichen Wettstreits unter Umständen die Abschwächung oder Ausgleichung gewisser Unterschiede im Kräfteverhältnis der Parteien durch das Mittel von Vorgaben oder von Sondererschwerungen (handicap) verlangt, so gibt es auch gegenüber dem Konkurrenzkampf Maßnahmen, die in der Absicht eines gewissen Ausgleichs sehr ungleicher Kräfte die an sich stärkere Partei mit künstlich geschaffenen Nachteilen (zum Beispiel Sondersteuern) belasten oder die an sich schwächere Partei durch Subventionen oder sonstwie besserstellen.

Unter den stadtwirtschaftlichen Ordnungen und auch noch später in der Zeit des staatlichen Merkantilismus waren die Konkurrenzverhältnisse an allen Märkten derart geregelt, daß für Auswüchse und Zügellosigkeit der Konkurrenz so gut wie kein Raum war. Mit der Gewerbefreiheit wurde dies anders. Wohl gab sie, wie es ihr idealer Zweck gewesen war, den tüchtigeren und in diesem Sinn besseren Angehörigen eines Gewerbes in weitem Umfang die Möglichkeit, weniger tüchtigen Berufsgenossen den Rang abzulaufen. Aber indem sie die Wahl der Mittel für den Konkurrenzkampf grundsätzlich freigab, öffnete sie auch der geschäftlichen Skrupellosigkeit Tür und Tor. Schamlose Reklame, Markenfälschung, jeder denkbare Schwindel florierte und bedrohte die Existenz des soliden und anständigen Teiles der Geschäftswelt. Die Reaktion blieb nicht aus. In allen Ländern begann man schon bald, wenigstens gegen die schlimmsten Erscheinungen vorzugehen.

Die französische Jurisprudenz schuf (auf der Grundlage des § 1382 des Code civil „tout fait quelconque de l'homme, qui cause à autre un dommage, oblige celui, par la faute duquel il est arrivé, à réparer") den Rechtsbegriff der concurrence déloyale und im besonderen noch den des achalandage, der unlauteren Kundenwerbung. Eine Reihe von Spezialgesetzen, die im Lauf des 19. Jahrhunderts erlassen wurden, ging gegen besonders wichtige Einzeltatbestände, die unter diese Begriffe fallen, mit Verboten und mit der Verpflichtung zur Schadenersatzleistung an den Geschädigten vor. Die anderen Länder, auch England, das Mutter- und damalige Musterland des Freihandels, folgten diesem Beispiel. Besonders hervorzuheben ist die deutsche Kodifikation des Rechtsschutzes gegen den unlauteren Wettbewerb durch das Gesetz vom 7. Juni 1909. Dieses Gesetz hat für das Deutsche Reich einen in den Grundlinien ähnlichen Rechtszustand geschaffen, wie ihn das französische Recht entwickelt hatte. Es bestimmt durch eine Generalklausel, daß jeder, der im geschäftlichen Verkehr zu Zwecken des Wettbewerbs Handlungen vornimmt, die gegen die guten Sitten verstoßen, auf Unterlassung und Schadenersatz in Anspruch genommen werden kann. Verschiedene einzelne Tatbestände des unlauteren Wettbewerbs (Reklame- und Ausverkaufsschwindel, Angestelltenbestechung, Firmenmißbrauch, Verletzung von Geschäftsgeheimnissen u. a.) sind daneben noch besonders erfaßt und nicht nur mit zivilrechtlichen, sondern außerdem auch mit strafrechtlichen Folgen belegt. Der Schutz der Warenzeichen hat, außerhalb dieses Gesetzes, eine besondere gesetzliche Ausbildung erfahren. Die Praxis der Gerichte, die sich auf Grund dieser ganzen Gesetzgebung entwickelte, hat zur Hebung der Geschäftsmoral erheblich beigetragen.

Enge geistige Verwandtschaft besteht zwischen der Gesetzgebung zum Schutz gegen unlauteren Wettbewerb und derjenigen zum Schutz des geistigen Eigentums an Werken der Literatur und Tonkunst (Urheberrecht) und an Erfindungen (Patentrecht). Der Widerspruch, gegen den dieser Schutz des geistigen Eigentums zu kämpfen hatte, war aber noch stärker als derjenige, der dem Schutz gegen unlauteren Wettbewerb im übrigen entgegengesetzt wurde. Denn gegen den Schutz des geistigen Eigentums ließen sich nicht nur die allgemeinen Gesichtspunkte ins Feld führen, mit denen die unbeschränkte Freiheit der Konkurrenz sonst verteidigt zu werden pflegt, sondern man konnte auch darauf verweisen, daß die Allgemeinheit ein ganz besonderes, eminent kulturelles Interesse daran habe, daß Erfindungen und literarische Werke nicht durch Monopole oder Privilegien verteuert, sondern ihr im Gegenteil möglichst leicht zugänglich gemacht werden. Dieses Kulturinteresse müsse dem privaten Geldinteresse der Autoren und Erfinder vorgehen. Auf der anderen Seite aber sprachen die nämlichen Motive des geschäftlichen Anstands, die Schutz gegen unlauteren Wettbewerb im allgemeinen verlangten, auch für einen Schutz der Autoren und Erfinder dagegen, daß sie zusehen und nur allzu oft leer ausgehen mußten, wenn ihre geistigen Schöpfungen von irgendwelchen Dritten ausgebeutet wurden. In früheren Jahrhunderten wurde diesem ethischen Standpunkt zuweilen durch Verleihung von Monopolen oder sonstigen Privilegien zur Verwertung der Erzeugnisse eigener geistiger Arbeit Rechnung getragen, zumal es einleuchten mußte, daß ohne solchen Schutz wenig oder gar kein Anreiz zu derartiger, oft mühseliger und auch kostspieliger Arbeit vorhanden ist, die dem Gemeinwohl nützen kann. War solche Privilegierung im Grundsatz ein nur ausnahmsweiser Gnadenakt der beleihenden Obrigkeit, die damit eine nützliche geistige Arbeit belohnte, so erhob das französische Gesetz vom 7. Januar 1791 den Schutz von Erfindungen in die Zahl der allgemeinen Menschenrechte und gab dem Erfinder damit einen Anspruch von Rechts wegen auf die Nutzung seiner Erfindung. Dieser Standpunkt wurde bestimmend für die seitherige Rechtsentwicklung, die sich dann weiterhin in einer analogen Weise auch des Urheberrechts annahm. Sie führte in den meisten Gesetzgebungen zu einem Kompromiß zwischen jenen einander entgegengesetzten Interessen in der Art, daß Urheberrecht und Erfinderrecht zwar grundsätzlich stark geschützt werden, aber nur für eine begrenzte Zeitdauer, nach deren Ablauf der Schutz entfällt.

Wie sehr der Schutz gegen unlauteren Wettbewerb in allen seinen verschiedenen Formen dem heutigen Rechtsbewußtsein, dem Gefühl für soziale Gerechtigkeit entspricht, zeigt sich auch in dem Umstand, daß seine Maßnahmen zu einem wesentlichen Teil bereits zu internationaler Geltung gelangt sind und daß das Bestreben der Kulturländer dauernd auf Festigung und Ausbau internationaler Grundsätze zur Verwirklichung dieses Schutzes gerichtet ist.

Der Schutz gegen unlauteren Wettbewerb interessiert im vorliegenden Zusammenhang — analog wie der Schutz gegen Wucher und sonstige Ausbeutung — vor allem dann, wenn er nicht bloß das Verhältnis zwischen Einzelpersonen berührt (also den Fall, daß irgendein Angehöriger eines Berufsstandes seinen Konkurrenten schädigt), sondern wenn es sich um Interessenkämpfe von allgemeiner Bedeutung, insbesondere um diejenigen Konkurrenzkämpfe handelt, die ganze Berufsstände als solche oder ganze Länder miteinander zu führen haben. Von dem Postulat des justum pretium, wie es sich in diesen Kämpfen großen Formates stellt, möge im folgenden die Rede sein.

§ 20.

Unmöglichkeit einer Neutralität des Staates im Wirtschaftsleben.

Auch die Freihandelslehre, die die Staatseinmischung grundsätzlich verwirft, steht mit beiden Füßen auf dem Boden des alten

Satzes „justitia fundamentum regnorum". Nur ist sie der Auffassung, daß das Wirtschaftsleben seine eigenen, ihm von Natur innewohnenden Gesetze habe und daß die Menschen, auch der Staat, sich diesen beugen müssen wie allen Naturgesetzen. In diesen Gesetzen regiere eine höhere Gerechtigkeit, die Gerechtigkeit der Natur, und wenn in der Freiheit des wirtschaftlichen Kampfes, in der sich die Auslese der Starken vollziehe, die Schwachen unterliegen und ausgemerzt werden, so sei dies ein gerechter Vorgang im Sinne jenes höheren Waltens, das im Kampf ums Dasein mitleidslos das Einzelschicksal opfert, um die Art zu erhalten und weiter zu entwickeln.

Das Programm der wirtschaftlichen Freiheit wurde von der Freihandelslehre allerdings weniger aus ethischen Gründen und um des Gerechtigkeitsideals willen aufgestellt als vielmehr unter dem rein wirtschaftspolitischen Gesichtspunkt, daß die Freiheit der Wirtschaft die Hebung des materiellen Wohlstandes am besten verbürge. Aber zugleich betrachtete man eine solche Politik auch als gerecht. Denn von Natur seien alle Menschen gleich. Alle haben also auch den gleichen Anspruch an den Staat. Wie bei der Rechtsprechung die Göttin der Gerechtigkeit eine Binde tragen soll, die sie verhindert, nach Ansehen der Person zu urteilen und nicht unterschiedslos alle, die vor ihr erscheinen, gleich zu behandeln, so soll sie auch in ihrem Verhalten gegenüber dem gesamten Wirtschaftsleben alle ohne Unterschied gleich behandeln. Jeder Eingriff in das Wirtschaftsleben müßte diese Gleichheit stören und müßte — auch wenn im einzelnen Fall vielleicht nur mittelbar und sogar unbeabsichtigt — Bevorzugungen und Benachteiligungen schaffen, die sonst nicht eingetreten wären. Nur durch grundsätzliches Sichfernhalten von dem Wirtschaftsleben entgehe der Staat dieser Gefahr der Parteilichkeit.

Allein mit aller wirtschaftspolitischen Abstinenz ist die Tatsache nicht aus der Welt zu schaffen, daß nun einmal in dem oben geschilderten Ablauf der Preisüberwälzungsvorgänge alle wirtschaftlichen Lebensäußerungen des Staates tatsächlich auf Schritt und Tritt, mittelbar oder unmittelbar, zu Einwirkungen auf die Preisgestaltung führen müssen, die unvermeidlich immer wieder die Frage akut werden lassen, ob ihre Folgen auch gerecht sind oder nicht. Denn es wird immer so sein, daß irgendwelche Kreise von Personen sich durch diese Folgen benachteiligt fühlen und daher die Frage der Gerechtigkeit aufwerfen.

Handelt es sich zum Beispiel, um dies zu veranschaulichen, darum, daß mit Staatsgeldern zum Nutzen der Volksgesamtheit eine Eisenbahn gebaut werden soll, so ergeben sich ohne weiteres zahlreiche und oft sehr tiefgreifende Interessengegensätze, zwischen denen die Regierung eine Entscheidung treffen muß. Diese Entscheidung kann schwerlich anders ausfallen, als daß sie dem einen der konkurrierenden Interessen mehr, dem anderen weniger, wieder einem anderen überhaupt nicht zugute kommt oder ihm sogar zum Schaden ausschlägt. Schon die Wahl der Linie kann zu Konflikten von lebenswichtiger Bedeutung für die Betroffenen führen. Die Entscheidung, über welche Ortschaften unter mehreren, die in Betracht kommen, die Linie geführt werden soll und an welchen Stellen die Bahnhofsbauten der einzelnen Städte oder Dörfer zu stehen kommen sollen, kann in der einen Gegend die Erschließung eines großen Wertzuwachses für die anliegenden Grundstücke und Gebäude, kann einen Goldstrom auch für manche seiner Gewerbe bedeuten, anderen dagegen, die von der neuen Bahn umgangen werden und abseits bleiben, Entwertung und Verarmung bringen. Sie kann zu ungeahnten Umwälzungen führen, die weit über die nächste Gegend hinausreichen. Erleichterung des Verkehrs ist ein zweischneidiges Schwert. Sie öffnet einer bisher abseitigen Gegend die Möglichkeit, die Früchte ihrer Arbeit hinauszusenden und sich ertragreiche Märkte zu erobern, aber sie öffnet zugleich auch das Tor des einheimischen Marktes für einen neuen Wettbewerb, der von draußen hereinkommt und nun durch Unterbieten der Preise oder durch das Angebot besserer Ware die Lebensfähigkeit der eingesessenen Versorger dieses Marktes bedrohen kann.

Der Gedanke, daß es ungerecht wäre, wenn der Staat bei solchen Entscheidungen ohne weiteres über geschädigte Privatinteressen hinwegginge, kommt in der Enteignungsgesetzgebung der meisten Staaten zum praktischen Ausdruck. Diese pflegt dem Staat die Möglichkeit zu geben oder es ihm sogar zur Pflicht zu machen, den durch die Staatsmaßnahmen Benachteiligten (mindestens bei einem unmittelbaren Zusammenhang solcher Ursache und Folge) einen Ersatz zu gewähren. Allein die schädlichen Folgen der Staatsmaßnahmen können je nach dem Verlauf der Preisüberwälzungskämpfe außerordentlich viel weiter reichen als der begrenzte Kreis der rechtlich anerkannten Entschädigungsansprüche. Alle Geschädigten ohne Ausnahme, auch die nur mittelbar Geschädigten, können aber den Standpunkt einnehmen und pflegen dies auch zu tun, daß es ungerecht sei, wenn der Staat die von ihnen mitgezahlten Steuergelder zu Einrichtungen verwendet, deren Vorteil einseitig nur anderen zufällt, so daß diese anderen sich im Endergebnis auf Kosten der Mitsteuerzahler bereichern.

Die grundsätzlichen Gesichtspunkte, um die es bei den Interessenkämpfen solcher Art geht, sind in der volkswirtschaftlichen Theorie vor allem auf dem Gebiet der Zollpolitik, bei der Erörterung des Für und Wider des Prinzips der Schutzzölle herausgearbeitet worden.

Einer der Hauptgesichtspunkte, die von den Anhängern der Freihandelsschule gegen Schutzzölle angeführt werden, besteht in dem Hinweis darauf, daß jedes Schutzzollsystem schon durch die bloße Tatsache Unheil stifte, daß es notwendig dazu führe, die wirtschaftlichen Sonderinteressen der Erwerbs- und Berufskreise gegeneinander mobil zu machen. Mit dem bloßen Schutzzollgedanken werde bereits ein Erisapfel unter das Volk geworfen. Ein Hauptkampfgebiet ist seit jeher das des Agrarschutzes gewesen. Werden zum Beispiel Getreideschutzzölle eingeführt, die dazu bestimmt sind, die einheimische Landwirtschaft lohnender zu machen, so sieht sich die übrige Bevölkerung mit einer Verteuerung des Brotes und anderer Lebensmittel bedroht. Dabei können die landwirtschaftlichen Schutzzölle dem Landwirt selbst nur insoweit die gesuchte Besserung der Preise für seine Produkte bringen, als ihm nicht gleichzeitig durch industrielle Schutzzölle der Bezug der von ihm benötigten landwirtschaftlichen Maschinen so verteuert wird, daß er bei ihrem Einkauf das wieder zusetzen muß, was ihm der Agrarschutz als Mehrverdienst zuwenden will. Ähnlich bei industriellen Schutzzöllen. Eisenzölle, die den Hütten höhere Verkaufspreise für ihre Produkte ermöglichen, werden von ihren Abnehmern, den Maschinenfabriken, und von den Käufern der so verteuerten Maschinen als Schädigung empfunden; Garnzölle, die den Spinnern die Konkurrenz des Auslandes fernhalten, werden von den Webereien und ihren Abnehmern als eine Schädigung betrachtet.

Im weiteren Verlauf der dergestalt ausgelösten Vorgänge der Preisüberwälzung können freilich diese nächsten Wirkungen auch wieder aufgehoben oder sogar in ihr Gegenteil umgekehrt werden. Es besteht die Möglichkeit, daß durch die Hebung der landwirtschaftlichen Rendite und damit der Kaufkraft der landwirtschafttreibenden Bevölkerung der Absatz der Produkte anderer Bevölkerungsteile so verbessert wird, daß die Verteuerung des Brotes und anderer Lebensmittel von allen Teilen der Bevölkerung verschmerzt werden kann. Aber es kann auch so kommen, daß die Kaufkraft der Abnehmer der landwirtschaftlichen Erzeugnisse durch die Brot-, Fleisch-, Milchverteuerung usw. so geschmälert wird, daß die Landwirte den von den Schutzzöllen erwarteten Gewinn schließlich doch nicht erzielen, weil der Absatz nicht mehr genügt.

Soviel ist, wie immer die Entwicklung im einzelnen Fall verlaufen mag, deutlich, daß jeder Schutzzoll unweigerlich Interessenkonflikte verschiedener Bevölkerungsteile mit sich bringt. Die Kämpfe, die sich aus diesen Interessengegensätzen ergeben, pflegen das öffentliche Leben in schlimmster Weise zu vergiften. Denn jeder politische Kampf wird um so häßlicher und gefährlicher, je mehr sich in Verbindung mit ihm privatwirtschaftliche Interessen in den Vordergrund drängen, die dazu führen, daß der Kampf um die Macht im Staat gleichzeitig ein Kampf um die Ausnützung der Staatsmacht zum privatwirtschaftlichen Sondervorteil gegenüber anderen Kreisen des eigenen Volkes wird. Nur allzu stark ist dabei auch die Versuchung, das persönliche Sonderinteresse als das allein wahrhaft vaterländische, nationale Interesse hinzustellen.

Die wirtschaftliche Schwierigkeit und politische Gefährlichkeit schutzzöllnerischer Interessenkämpfe von solcher Art hat zuweilen das Verlangen nach einem „lückenlosen“ Zolltarif entstehen lassen, das namentlich im Deutschen Reich zu Bismarcks Zeit vorübergehend eine Rolle spielte. Alle einheimische Arbeit soll ohne Unterschied und in gleichem Maß gegen übermächtige fremdländische Konkurrenz geschützt werden. Hierzu bedarf es aber, wenn das Ziel durch die Zollgesetzgebung erreicht werden soll, einer sorgfältigen Abwägung aller der divergierenden einheimischen Interessen und einer sorgfältigen Abstimmung der diesen zu gewährenden Schutzzölle — eine Aufgabe, deren unendliche Schwierigkeit mit Händen zu greifen ist. Und selbst wenn diese Lückenlosigkeit technisch auch noch so vollständig gelingen sollte, so kann durch Zölle unmittelbar doch immer nur diejenige Inlandsarbeit geschützt werden, deren Erzeugnisse tatsächlich im Wettbewerb mit entsprechenden Erzeugnissen des Auslands stehen.

Unmittelbar trifft dies nur auf körperliche Waren zu. Schon die Arbeit der Arbeiter und Angestellten, die bei der Herstellung der Waren beschäftigt sind, werden der Vorteile des Zollschutzes bloß mittelbar teilhaftig, soweit nämlich der dem Zollschutz verdankte Mehrverdienst der einzelnen Betriebe sich in einer Erhöhung der Bezüge aller ihm angehöriger Personen auswirkt. Das Maß dieser Auswirkung ist aber abhängig von den wirtschaftlichen Machtverhältnissen, die insgesamt alle Preisüberwälzungen bestimmen. Je nach der Macht zum Beispiel der einander gegenüberstehenden Gruppen von Arbeitgebern und Arbeitnehmern ist es ebensowohl denkbar, daß der Nutzen mehr oder weniger bei den Arbeitgebern verbleibt, wie daß er diesen vollständig verloren und auf die Arbeiterschaft oder auch auf andere Machtgruppen (Lieferanten usw.) übergeht. Diejenige Gruppe jedenfalls, die an dem Nutzen des Zollschutzes im Ergebnis nicht ihren vollen oder überhaupt keinen Anteil hat, ist genötigt, ihren Warenbedarf zu den zollgeschützten, erhöhten Preisen zu beziehen, während das Entgelt für ihre eigene Leistung sich nicht oder nicht in entsprechendem Verhältnis erhöht hat. In dieser Gefahr befinden sich namentlich diejenigen Erwerbsberufe, deren Arbeit sich überhaupt nicht in zollgeschützten Waren konkretisiert, so vor allem die Beamtenschaft der öffentlichen Verwaltungen und die freien Berufe. Wo immer ein Eingriff protektionistischen Charakters erfolgt, da pflegt es sich auch als unvermeidlich herauszustellen, daß er, gewollt oder ungewollt, verschiedene Erwerbsinteressen mit durchaus verschiedenem Erfolge trifft.

Aber lassen sich denn nicht — die Frage legt sich nahe — die Interessen aller auf einen gemeinsamen Nenner und in eine harmonische Übereinstimmung bringen, wenn man die Menschen nicht in ihrer Eigenschaft als Produzenten ins Auge faßt, sondern als Konsumenten? Ist nicht ihr Konsumenteninteresse sogar das natürlichere und das wichtigere, weil doch alle Menschen in erster Linie überhaupt leben müssen, also irgendeinen Mindestbedarf an Verbrauchsgütern anschaffen müssen, so daß sie auch alle übereinstimmend interessiert erscheinen an einer möglichst billigen Versorgung mit den Gütern ihres Bedarfs?

Dieses „allgemeine Konsumenteninteresse“, das in den wirtschaftspolitischen Diskussionen der Gegenwart eine beträchtliche Rolle spielt, beherrschte schon die Freihandelslehre in ihrer klassischen Gestalt. Die Freiheit der Konkurrenz sei erstrebenswert als das beste Mittel, um im Interesse der Konsumenten alle Märkte zum billigsten Preis zu versorgen.

Aber gerade die Entwicklung der Gegenwart, die große Wirtschaftskrise, die im Jahre 1929 begonnen hat, die ganze Welt heimzusuchen, zeigt eindringlich, wie sehr vor einer Überspitzung des Gedankens zu warnen ist, daß die möglichste Verbilligung des Preisniveaus das erstrebenswerte Ziel aller Wirtschaftspolitik sein müsse. Denn dem Absinken der Preise aller Rohstoffe auf dem Weltmarkt folgten zwar mehr oder weniger auch die übrigen Preise. Aber weit entfernt, daß diese Verbilligung zu einer Hebung der Lebenslage der Konsumenten führte, zeigte es sich, daß das Absinken der Gewinnerträgnisse, das auf der Seite der Produktion Platz griff, diese in eine Notlage versetzte, die mit unwiderstehlicher Macht auch die gesamte Konsumentenschaft in ihren Strudel zog. Die furchtbare Gefährlichkeit der Weltkrise stammte aus der Verbilligung der Preise und es erwies sich, daß die Kaufkraft der Konsumenten in ähnlichem Ausmaß zerstört wurde, in dem die Produktion unter den billigeren Preisen litt. Allgemeine Preisverbilligung schlechthin kann so wenig das Hochziel der Wirtschaftspolitik sein wie umgekehrt die Hochhaltung der Preise schlechthin. So einfach läßt sich das Wirtschaftsideal nicht schematisieren.

Die Harmonie der Konsumenteninteressen ist ein Trugbild und praktisch nicht erreichbar. Denn jeder Konsument hat zwar das Käuferinteresse, billig zu beziehen, was er braucht. Gleichzeitig steht er aber auch irgendwie auf der Verkäuferseite (als Erzeuger von Waren, als Verdinger seiner Arbeitskraft usw.). Auch ein Rentner, der lediglich von festen Kapitalzinsen lebt und der daher dem oberflächlichen Blick als bloßer Verzehrer erscheinen mag, hat das Interesse des Verkäufers (Verleihers), den Kapitalzins mindestens so hoch zu sehen, daß er von dem Ertrag seiner Kapitalanlage leben kann. Selbst wer zur Fristung seines Lebens ausschließlich auf Unterstützungen angewiesen ist, bleibt mittelbar daran interessiert, daß die Löhne, die Warenpreise usw. nicht unter eine gewisse Höhe sinken, weil er nur dann erwarten kann, Unterstützungen zu erhalten, wenn die Arbeiter, Kaufleute usw. auskömmliche Verdienste erzielen, von denen sie etwas abgeben können. Insoweit, als daher der Konsument auch auf der Produzentenseite, der Verkäuferseite interessiert ist — in irgendeiner Weise also jeder Konsument —, steht er eo ipso auch inmitten des Kampfes der untereinander widerstreitenden Produzenteninteressen.

Der Staat kommt an der Notwendigkeit nicht vorbei, zu diesen Interessenkämpfen des Wirtschaftslebens Stellung zu nehmen. Denn die Tatsache ist nicht zu ändern, daß der Staat, er mag es anstellen wie er will, durch seine „Nichteinmischung“ nicht weniger als durch jede Einmischung dem einen nützt, dem anderen schadet. Der bequeme Ausweg völliger Neutralität ist dem Staat kraft seines Wesens verschlossen. Die Frage ist für ihn nur die, welche Interessen er stützen oder fördern oder zurückdrängen soll. Welche Interessen können den Anspruch erheben, als staatswichtig in diesem Sinn behandelt zu werden?

§ 21.
Stabilität und Staatswichtigkeit der Berufsstände.

Die wirtschaftlichen Interessen der Bevölkerung pflegen an den Staat nicht als die Interessen nur der einzelnen Individuen heranzutreten. Es sind die Interessen ganzer Erwerbsgruppen, ganzer Berufsstände — die volkswirtschaftliche Bedeutung der Geburtsstände ist in der heutigen Kulturwelt im wesentlichen verschwunden —, die in den wirtschaftlichen Kämpfen miteinander ringen. Ähnlich wie zwischen den Individuen und der Weltwirtschaft die Staaten, so stehen die Berufsstände als Zwischenglieder mit berechtigtem Eigenleben zwischen den Individuen auf der einen Seite und der Gesamtheit der in einem Staatswesen zusammengefaßten Volkswirtschaft auf der anderen Seite. Diese Tatsache anerkennt der Staat dadurch, daß er den Berufsständen die vereinsrechtliche Möglichkeit gibt, sich zum Zweck der einheitlichen Vertretung ihrer Interessen zu organisieren, oder daß er Standeskorporationen öffentlich-rechtlichen Charakters selbst organisiert.

Wie der einzelne Staatsangehörige, wenn er seine Interessen im Staat verficht, auf seine individuellen Verdienste um den Staat und den Nutzen seiner Leistungen für das Gemeinwohl hinzuweisen pflegt, so wird das Standesinteresse mit dem Hinweis darauf vertreten, welche besondere Wichtigkeit der Stand als solcher für das Staatsganze besitzt. Es handelt sich also darum, nach welchen Gesichtspunkten diese Wichtigkeit zu beurteilen und es gerechtfertigt ist, daß der Staat sich schützend vor die Interessen eines Standes stellt.

Soweit freie Konkurrenz besteht, hat sie die Wirkung, daß derjenige Erwerbstätige, der seine Waren (oder sonstigen Leistungen) ceteris paribus billiger als ein anderer an den Markt bringen kann, sie vor denen dieses Konkurrenten zu verkaufen vermag. Kann der unterlegene Konkurrent diesen Vorsprung nicht einholen, so verschwinden seine Waren von dem Markt und wenn er darauf angewiesen war, von dem Ertrag dieser Verkäufe zu leben, so bleibt ihm nichts übrig, als einen anderen Broterwerb zu suchen. Die Freihandelslehre begrüßt diese Entwicklung, weil sie dazu führe, den Konsumenten die billigstmöglichen Preise zu verschaffen. Über das Schicksal des unterliegenden Individuums geht sie mit der Argumentation hinweg, daß dieses eben, gleichviel ob mit oder ohne sein persönliches Verschulden, an seiner bisherigen Stelle im Wirtschaftsleben kein nützliches Mitglied der Gesellschaft mehr sei.

Der Geist des Freihandels kennt grundsätzlich keine volkswirtschaftliche Notwendigkeit, einen Berufsangehörigen seinem jeweiligen Beruf durch besondere Maßnahmen von Staats wegen zu erhalten. Bringt es das Verhältnis von Angebot und Nachfrage auf dem freien Markt mit sich, daß die Preise unter das Niveau herabgehen, bei dem ein Berufsangehöriger noch bestehen kann, dann gilt dies eben als das volkswirtschaftliche Signal dafür, daß er in diesem Beruf überzählig geworden ist. Und wenn in dieser Weise alle Angehörigen eines Berufsstandes aus diesem verdrängt werden (zum Beispiel alle Angehörigen irgendeines Handwerks durch das mit diesem konkurrierende Großgewerbe), dann gilt dies als der Beweis, daß dieser Stand überhaupt keine Existenzberechtigung mehr hat. Diejenigen, die in ihrem bisherigen Erwerbszweig ihr Auskommen nicht mehr finden, verweist die klassische Theorie darauf, einen anderen Erwerb zu suchen, und damit hält sie die Sache für erledigt. Der natürliche Eigennutz werde jeden derart Bedrängten schließlich schon von selbst auf einen besseren Weg bringen. Lasse der Staat der durch das individuelle Selbstinteresse gelenkten „natürlichen" Entwicklung freie Bahn, so werde sicherlich ein jeder, dessen Beruf den Mann nicht mehr nährt, zu einem Berufswechsel sich entschließen, ob gern oder ungern, und nach Verlauf einer gewissen Zeitspanne werde diese Umstellung dann vollendet sein. Im Organismus der Volkswirtschaft bedeute diese

Umstellung stets einen natürlichen Gesundungsprozeß, der schließlich einen jeden an die rechte Stelle bringt und die Unbrauchbaren ausmerzt. Für sentimentale Rücksichten ist in einem solchen natürlichen Prozeß kein Raum; auch der Arzt darf sich ja nicht scheuen, schmerzhafte Operationen auszuführen und kranke Glieder zu beseitigen, wenn dies zur Gesundung des Patienten nötig ist. Über Leichen schreitet auch die Natur.

Durch die Einführung der Gewerbefreiheit sollte zwischen den verschiedenen Erwerbsständen nach der Meinung und dem Willen des Gesetzgebers die freie Fluktuation der wirtschaftenden Individuen erreicht werden, durch die sich dieser natürliche Prozeß vollzieht. Aber in Wirklichkeit hat sich diese Beseitigung der früheren gesetzlichen Schranken in erheblichem Umfang als eine Maßnahme erwiesen, die nicht genügte und nicht genügen kann, den erstrebten Zustand einer Auslese der Tüchtigen zu verwirklichen. Denn wenn auch rechtlich im Grundsatz volle Freiheit für jedermann besteht, den Erwerbsberuf zu ergreifen und auszuüben, der ihm paßt, und insbesondere auch nach Belieben von einem Beruf zu einem anderen überzugehen, wie einer gerade bessere Aussichten zu bieten scheint, so gibt es doch tatsächlich so viele Schranken und so große Schwierigkeiten, die den Gebrauch dieser Freiheit verhindern, daß sie für weite Kreise der Bevölkerung, ja für deren größten Teil nur auf dem Papier vorhanden ist.

Die Gründe, die der vom Gesetzgeber juristisch ermöglichten Freizügigkeit zwischen den verschiedenen Erwerbszweigen praktisch im Wege stehen, sie in weitem Umfang geradezu ausschließen, sind teils solche, die es erschweren, einen bestimmten neuen Erwerbszweig zu ergreifen, teils auch solche, die es schon erschweren, den alten überhaupt aufzugeben.

Unter den Hemmnissen, die es erschweren, einen bestimmten neuen Beruf zu ergreifen, sind zunächst die einer natürlichen Unzulänglichkeit zu nennen, wenn der Beruf an Alter, Geschlecht, Gesundheitszustand, Körperkraft, geistige oder seelische Eignung besondere Anforderungen stellt. Diese Hemmnisse nötigen zur Unterscheidung und zur Auswahl zwischen passenden und nichtpassenden Berufen. Obwohl in der individuellen Natur des einzelnen begründet, besitzen sie aber keineswegs nur individuelle Bedeutung, sondern können auch für ganze Kategorien der wirtschaftenden Bevölkerung von Wichtigkeit sein. Wenn beispielsweise im Sinn der klassischen Ideenwelt gerne der Rat gegeben wird, man möge einen Überschuß an städtischer Arbeiterschaft in großem Maßstab dazu heranziehen, das flache Land zu besiedeln und zu bewirtschaften, so pflegt einem allgemeinen Erfolg solcher Umstellung der Umstand entgegenzustehen, daß die städtischen Arbeiter, wie überhaupt die Stadtbewohner, zu einem sehr guten Teil, auch bei bestem Willen, vermöge ihrer ganzen Lebensgewöhnung von vornherein nicht das Zeug dazu haben, einen landwirtschaftlichen Beruf richtig auszufüllen (s. auch unten S. 146).

Besonders gehemmt ist die Freizügigkeit zu jedem „qualifizierten" Beruf, der außer einer speziellen Begabung auch eine spezielle Ausbildung (wohl gar jahrelanges Studieren) verlangt, wenn diese mehr Zeit und mehr Geld kostet als zur Verfügung stehen.

Das soziologisch wichtigste Hemmnis freier Berufswahl liegt aber unter den heutigen Verhältnissen in dem Umstand, daß die selbständige Ausübung eines Berufs zumeist die Verfügung über einen Vermögensbesitz oder Kredit in mehr oder weniger beträchtlichem Umfang voraussetzt. Je größer die zum Betrieb eines Gewerbes benötigten Mittel sind, desto weniger Menschen können daran denken, sich in diesem Gewerbe anders denn als Angestellte in fremden Diensten zu betätigen. Zum Beispiel zur Gewinnung bergbaulicher Schätze in größerem Maßstab sind heute so umfangreiche Kapitalinvestitionen notwendig, daß auch die reichsten Einzelpersonen nicht imstande zu sein pflegen, die Last solcher Betriebe allein auf ihre Schultern zu nehmen. Solche Investitionen sind regelmäßig nur möglich durch den Zusammenschluß einer Personenmehrheit zum Zweck der gemeinsamen Beschaffung der Mittel, sei es durch Kredite oder auf dem Weg einer Aktienübernahme o. dgl.

Was in dieser Hinsicht augenfällig auf dem Gebiet aller Großindustrien gilt, trifft aber in völlig analoger Weise, wenn auch auf einer bescheideneren Skala, bei fast allen selbständigen Gewerbebetrieben zu. Schon um einen kleinen Laden oder eine Werkstatt aufzumachen und um einigen Vorrat an Waren zum Verkauf zu halten, auch um nur ein gewisses Mindestmaß von Propaganda zu treiben, ist Geld nötig. Je kleiner die Schicht der Besitzenden in einem Volke ist, desto größer ist daher derjenige Volksteil, für den die Wohltat der Gewerbefreiheit nur auf dem Papier steht. Selbst die Ausübung freier Berufe ist in zunehmendem Umfang nicht nur

Sache der persönlichen Befähigung allein, sondern zugleich auch eine Geldfrage. Der Arzt, der Anwalt braucht zum mindesten ein Sprechzimmer, und dieses in zweckmäßiger Lage, braucht Bücher und Zeitschriften, hat Standesausgaben, die er nicht unterlassen darf. Der Arzt, vollends der Spezialarzt, braucht kostspielige Instrumente, die den Fortschritten der wissenschaftlichen Erfindungen entsprechen müssen. Die weittragende Bedeutung dieser Entwicklung zeigt sich besonders eindrucksvoll in dem Vorsprung, den in dem Jahrzehnt nach dem Weltkrieg das reich gebliebene Amerika vor allem vor den bis dahin vorbildlich ausgestattet gewesenen wissenschaftlichen Instituten des verarmten Deutschland gewann, weil eben Amerika seine Institute — man denke in erster Linie, aber keineswegs allein, an die medizinischen und sonstigen naturwissenschaftlichen Forschungsinstitute — in einem Maße instand setzen konnte, mit den wertvollsten Apparaten zu arbeiten und namentlich auch mit den teuersten Hilfsmitteln zu experimentieren, von dem in Deutschland keine Rede mehr sein konnte.

Neben allen Umständen, die die Freiheit der Berufswahl überhaupt beengen, gibt es auch solche Umstände, die insbesondere dem Übergang von einem Erwerbszweig zum anderen im Weg stehen, weil nämlich die Trennung von dem bisherigen Beruf schon um ihrer selbst willen mit Hemmnissen verknüpft ist, die schwer oder gar nicht zu überwinden sind. Diese spielen bei dem Existenzkampf der Stände sogar eine besonders große Rolle.

Diese Hemmnisse können rein wirtschaftlicher Art sein. Ist es mangels des erforderlichen Kapitals oft unmöglich, sich einem sonst geeigneten und erwünschten Erwerbszweig zuzuwenden, so ist es, wenn einmal Kapital investiert ist, sehr oft nicht minder schwer oder gar unmöglich, dieses wieder herauszuziehen oder im Stich zu lassen. Nur allzu leicht ist, wie schon oben dargelegt, der Besitzer des Unternehmens der Gefangene seiner Investitionen und bleibt an sein Unternehmen gekettet, selbst wenn es ihm nur noch Verluste bringt. Je größer die Investitionen, desto größer ist die Gefahr, daß er von seinem Unternehmen, seinem Beruf, nicht mehr loskommt, auch wenn er dies noch so sehr möchte.

Aber nicht nur finanzielle, sondern auch rein seelische Hemmungen, die nicht leichtherzig zu überwinden sind, stehen dem Entschluß zu einer Änderung des Erwerbsberufs sehr häufig entscheidend entgegen.

Schon die Liebe zum Beruf ist ein solches Hemmnis. Sie findet sich bei allen Berufen, auch bei den einfachsten, in der Stadt wie auf dem Land. Eine Trennung von dem gewohnten Beruf fällt dem Menschen um so schwerer, je mehr dessen Ausübung besondere Kenntnisse und Fertigkeiten verlangt. Zunächst mag man dabei an die wissenschaftlichen und an künstlerische und kunsthandwerkliche Berufe denken. Es ist aber kaum nötig zu sagen, daß auch der Gewerbetreibende, der Landwirt, der Kaufmann — und zwar der kleine wie der große — in zahllosen Fällen mit Liebe, wohl auch mit Stolz an seiner Arbeit hängt und sich schon aus dieser Berufsanhänglichkeit heraus gegen einen Wandel der Verhältnisse wehrt, der ihn in eine andere Berufsbahn drängt. Der innere Widerstand gegen die Preisgabe des Berufs verstärkt sich, wenn sich die Liebe zum Beruf mit der Liebe zur Heimat verbindet und ein Berufswechsel dazu zwingen würde, die Heimat zu verlassen. Besonders stark pflegt sich aber das Festhalten am alten Beruf dann auszuwirken und selbst schwersten Zeiten Trotz zu bieten, wenn es sich um die ererbte Heimat und einen ererbten Beruf handelt. Dann gewinnt der Berufsstand gefühlsmäßig zugleich auch den Charakter eines Geburtsstandes und pflegt seine Stellung im wirtschaftlichen und politischen Leben auch heutzutage so zähe zu verteidigen wie nur je ein Stand in den früheren Jahrhunderten ständischer Verfassung.

Das Hauptbeispiel für ein Zusammentreffen aller dieser Momente, die dahin wirken, daß der Beruf den Berufsträger auch unter widrigen wirtschaftlichen Verhältnissen nicht losläßt, bietet der Bauer. Die Freihandelslehre mag sagen, der Boden sei eine Ware wie eine andere — rentiere er nicht unter seinem derzeitigen Besitzer, dann solle dieser eben gehen und sonstwie sein Brot verdienen, um einem anderen Landwirt Platz zu machen; dieser andere oder, wenn auch dieser es nicht schafft, irgendein nächster werde schließlich den Gutsbetrieb schon wieder zu einem günstigen Ertrag bringen, zumal wenn der neue Besitzer das Gut zu einem entsprechend niederen Preis erwerben konnte. Aber die Bauern wollen eben nicht weg von ihrem Beruf und nicht weg von ihrem Hof, vollends wenn ihre Vorväter schon auf diesem saßen. Sie wurzeln in der ererbten Heimat und lassen sich nicht von den Winden der Gewerbefreiheit und der Freizügigkeit wie Flugsand wegtragen.

Die Hemmnisse des Berufswechsels können bewirken, daß dem Berufsstand mehr Mitglieder erhalten bleiben, als er bei freier Konkurrenz besäße.

Je schwerer die Zeiten sind, je mehr Angehörige eines Berufs in wirtschaftliche Bedrängnis geraten, weil sein Ertrag immer weiter zurückgeht, desto deutlicher wird allen die Gemeinsamkeit der Gefahr, auch denen, die für ihre Person im Augenblick noch nicht unmittelbar gefährdet sind. Desto stärker wird das Gefühl der Zusammengehörigkeit und der Gedanke, daß es Sache des Standes sei, die für alle seine Angehörigen gemeinsamen Interessen zu verfechten und sich gegen die gemeinsame Bedrohung zu wehren. Es wird deutlich, daß der Stand als solcher kein leerer Begriff, daß er vielmehr ein natürliches Gebilde ist, ein lebendiger Körper in ähnlichem Sinn wie Volk und Staat und wie schließlich jede abgegrenzte Gemeinschaft von Menschen, deren gesonderte Zusammengehörigkeit unter gleichviel welchem Gesichtspunkt feststeht und die ihre Glieder nicht ohne weiteres verlieren kann oder will. Die individualistische Auffassung der klassischen Theorie sieht dagegen bei den Berufsständen keine feste Abgrenzung oder will sie doch jedenfalls nicht dulden. Die Zähigkeit des Zusammenhalts der Berufsstände, die Stabilität ihres gegebenen Mitgliederstandes widerspricht dem Prinzip der freien Konkurrenz, das im diametralen Gegensatz hierzu mit dem Postulat vollkommener Beweglichkeit und Freizügigkeit der Berufe unlöslich verknüpft ist.

Der Stand schafft sich Organe zu seiner Vertretung, denen sowohl die Bearbeitung der internen Angelegenheiten des Standes als seine Vertretung nach außen, vor allem gegenüber dem Staat und der Öffentlichkeit obliegt.

Die individuellen Interessen der einzelnen Staatsangehörigen finden dabei ihre Vertretung, wenn und soweit der Stand ihren Schutz als auch seine, des Standes, Angelegenheit betrachtet. Ob es beispielsweise dem Schuhmacher Hinz besser geht als dem Schuhmacher Kunz und ob dieser seine Kundschaft an Hinz verliert und am Ende in Konkurs geht, kann, wenn der Fall nichts besonderes an sich hat, der Schuhmacherzunft als solchen ziemlich gleichgültig sein. Aber wenn Kunz zugrunde geht, weil dem früher blühenden Schustergewerbe im ganzen eine gefährliche neue Konkurrenz erwachsen ist, etwa durch Schuhfabriken im Inland oder Ausland, so handelt es sich um eine Gefahr, die nicht dem einzelnen Fachgenossen, sondern der ganzen Fachschaft, dem ganzen Berufsstand, auch denen, die der Gefahr zunächst noch Stand halten, droht und gegen die sich darum der Stand als solcher zu wehren hat. Überdies ist es das Interesse des Standes, Zahl und wirtschaftliche Kraft seiner Angehörigen auch schon deshalb auf einer gewissen Höhe zu halten, weil wesentlich von ihrem Gewicht der Einfluß abhängt, den der Stand bei der Vertretung seiner Interessen im öffentlichen Leben einzusetzen vermag.

In analoger Weise haben die Sorgen des Berufsstandes auch für den Staat, an dessen Hilfe er sich wendet, nicht schon ohne weiteres, sondern nur insoweit, dann aber zweifellos Interesse, als sie das Interesse des Staates als solchen, des Volksganzen, berühren, mit anderen Worten, als es der Staat im Interesse des gesamten Volkswohles für richtig findet, die Angehörigen irgendeines Berufsstandes, dem es schlecht geht, in diesem zu erhalten, während sie diesem ohne besondere Hilfe verloren gehen müßten.

Bei einem Stand besteht in den Kulturstaaten längst kein Zweifel mehr, daß es ein staatswichtiges Interesse ist, ihm ein hinreichendes, und zwar standesgemäßes Einkommen zu erhalten: bei der Beamtenschaft der Staaten selbst. Nicht den beamteten Personen zulieb, sondern in seinem ureigensten Interesse muß jeder geordnete Staat ein Herabsinken seiner Beamtenschaft zu einer ärmlichen Lebenshaltung zu verhindern suchen, die die Gefahr in sich schlösse, daß dieser Berufsstand seinen hohen Aufgaben nicht gewachsen bleibt; denn die Qualität des Beamtenstandes muß leiden, wenn die für den Staatsdienst begehrenswerten Personen unschwer anderweitig ein besseres Fortkommen finden, und überdies droht die Gefahr der Korruption, wenn die dienstlichen Bezüge unter ein gewisses Niveau herabsinken.

Ähnliche Grundsätze gelten auch für die freien Berufe mit amtsähnlichem Charakter. So sagen zum Beispiel die Motive zur deutschen Rechtsanwaltsordnung: „Vor allem mußte als eine Bestimmung der Anwaltsgebühren im Auge behalten werden, dem für die Rechtspflege notwendigen Berufsstande eine angemessene Belohnung für seine Leistungen und damit zugleich eine würdige Lebensstellung zu sichern. Letzterer Gesichtspunkt ist für die Rechtspflege selbst von hoher Bedeutung; denn je unabhängiger sich der Anwaltsstand infolge einer gesicherten

Lebensstellung gestaltet, desto mehr ist er geeignet, einen wohltätigen Einfluß zur Hintanhaltung unnützer oder gar unlauterer Streitigkeiten auszuüben und damit zur Kräftigung des Rechtsbewußtseins im Volke beizutragen."[1]

Was für den Beamtenstand und für amtsähnliche Berufe gilt, gilt aber im wesentlichen auch für alle privaten Berufsstände. Auch für den Staat als solchen mag es zunächst gleichgültig sein, ob von jenen beiden Schustern Hinz und Kunz, die irgendwo einander gegenüber wohnen und ihre Stiefel verkaufen, der Hinz oder der Kunz es ist, der seine Werkstatt schließen muß, weil von den beiden einer allein genügt, um die Nachfrage zu befriedigen, und weil der eine sein Geschäft nun einmal besser versteht als der andere. Aber es ist von dem Standpunkt des Staatsganzen aus keineswegs gleichgültig, wenn immer mehr Handwerker verschwinden und wenn der ganze Handwerkerstand schließlich der „Proletarisierung" anheimzufallen oder ganz unterzugehen droht, weil seine Erzeugnisse neuerdings billiger von Fabriken hergestellt werden. Und ebensowenig kann es dem Staat gleichgültig sein, wenn etwa die Fabriken irgendeiner Branche aus dem Grund ihre Tore schließen und ihre Arbeiter entlassen müssen, weil das Ausland ihre Waren wohlfeiler an den Markt bringt. Denn dann ergibt sich die Frage, ob nicht die Erhaltung eines gesunden Handwerkerstandes oder die Erhaltung einer bestimmten Fabrikindustrie größere Wichtigkeit für das Leben des Volksganzen besitzt als das Konsumenteninteresse an einem möglichst niederen Preisniveau. Zur Gesunderhaltung des menschlichen Körpers genügt es nicht, daß er überhaupt ein Herz und einen Magen und eine Lunge und Nieren usw. hat, sondern Kraft und Umfang dieser Organe müssen auch in einem bestimmten Verhältnis zueinander stehen, einem Verhältnis, das die Natur sorgfältig abgewogen hat. Ebenso ist es auch im Organismus des Volksganzen nicht gleichgültig, wie groß und wie kräftig in ihrem Verhältnis zueinander die einzelnen Organe entwickelt sind, auf deren richtigem Funktionieren seine Produktions- und Lebenskraft beruht; die Schrumpfung wie die Hypertrophie auch nur eines einzigen Organs kann das Gedeihen des Gesamtorganismus gefährden.

Die Daseinsberechtigung eines Berufsstandes als solchen kann nicht nur mit seiner rein volkswirtschaftlichen Bedeutung begründet

[1] Zitiert nach Walter-Joachim, Die Gebührenordnung für Rechtsanwälte, 4. Aufl., 1904, S. 22.

werden, sondern auch damit, daß er aus politischen oder aus kulturellen Gründen als der Erhaltung zum Wohl des Volksganzen wert erscheint.

Alle diese Gesichtspunkte nebeneinander haben namentlich in den Kämpfen eine gewichtige Rolle gespielt, die der Bauernstand großer Teile der Alten Welt (so besonders im Deutschen Reich) im Lauf der letzten Jahrzehnte des 19. Jahrhunderts gegen die überhandnehmende Konkurrenz des Auslands zu führen hatte, als infolge der Verbesserung der internationalen Verkehrswege der auf billigeren Böden erzeugte Getreidereichtum ferner Länder hereinströmte und den einheimischen Getreidebau, der bisher die alten Märkte versorgte, durch Unterbietung mehr und mehr zu verdrängen drohte. Er schien, so wie es nach Aufhebung der englischen Getreidezölle in der Mitte des 19. Jahrhunderts der englische Getreidebau gewesen war, dem Untergang geweiht zu sein, wenn die Konkurrenz des Auslands fortfuhr, die Getreidepreise herabzudrücken.

Das Hauptargument, das unter solchen Verhältnissen für die Forderung ins Feld geführt zu werden pflegt, den Bauernstand in seinem gegebenen Bestand zu erhalten, pflegt der Hinweis auf die Notwendigkeit größtmöglicher politischer und wirtschaftlicher Unabhängigkeit des Landes zu sein, die verlange, daß seine Selbstversorgung mit den notwendigen Nahrungsmitteln in möglichst weitem Umfang gesichert werde. Schon vor dem Weltkrieg pflegte diese Forderung mit der Möglichkeit kriegerischer Verwicklungen begründet zu werden, bei denen das Land durch eine feindliche Zernierung von der normalen Zufuhr aus dem Ausland abgeschnitten und dadurch gezwungen werden könne, weit über das in Friedenszeiten normale Maß hinaus seinen Lebensmittelbedarf auf seinem eigenen Boden herzustellen. Um für solche Eventualitäten vorzusorgen, müsse bereits im Frieden die Produktionskraft der Landwirtschaft so hoch entwickelt werden, daß sie notfalls imstande ist, den Ansprüchen auch einer Blockadezeit zu genügen. Vor dem Weltkrieg glaubte man vielfach, diesen Gesichtspunkt damit abtun zu können, daß ein moderner Krieg nicht sehr lange dauern könne und daß es daher genüge, in Friedenszeiten einen gewissen Reservevorrat an Getreide aufzuspeichern, um die Kriegszeit durchhalten zu können. Der Weltkrieg hat sowohl durch seine lange Dauer wie durch die Wirksamkeit der gegen die zentraleuropäischen Staaten geübten Blockade dargetan, daß diese Meinung irrig war. Die Gegenwart mit ihren Währungserschütterungen und Transferschwierigkeiten lehrt aber des ferneren, daß auch im Friedenszustand der Handelsverkehr zwischen den Völkern in dem Maß abgedrosselt werden kann, daß kein Land sich mehr darauf zu verlassen vermag, daß es ein Manko seiner eigenen Erzeugung an notwendigen Gütern jederzeit durch entsprechenden Mehrimport ausgleichen kann. Selbst soweit der Import möglich bleibt, kann es dann übrigens leicht dahin kommen, daß seine Kosten die Opfer weit übersteigen, die nötig gewesen wären, um der einheimischen Landwirtschaft diejenige Rentabilität zu geben, deren sie bedarf, um in der für eine stärkere Selbstversorgung notwendigen Ausdehnung, das heißt also auch auf minder fruchtbaren Böden bestehen zu können.

Beim Kampf um die Erhaltung eines gefährdeten Bauernstandes handelt es sich aber nicht bloß um die materielle Versorgung des Landes mit den Erzeugnissen der Landwirtschaft, sondern zugleich auch darum, daß — wenigstens im großen ganzen — auch gerade diejenigen Menschen, die den Beruf ausüben, in ihm und für ihn erhalten bleiben. Es handelt sich darum, daß die Menschen dieser Berufsgruppe, wenn einmal entwurzelt, nicht so leicht, wie dies in vielen anderen Erwerbszweigen der Fall ist, durch andere Menschen vollwertig ersetzt werden können, die den Beruf des Landwirts neu ergreifen. Ist es schon bei vielen anderen Berufen zu beobachten, daß die Vererbung des Berufs durch Generationen in einem bemerkenswerten Maß auch eine Vererbung von Anlagen (sowohl geistigen wie körperlichen) mit sich bringt, die für die Berufsausübung wichtig sind, so gilt dies in ganz besonderem Maß von dem Beruf des Landwirts. Gewiß kommt es vor, daß sich ihm Menschen, die aus Industrie und Handel stammen, mit Lust und Liebe neu zuwenden und Tüchtiges in ihm leisten. Aber dies ist nicht die Regel und kann es auch gar nicht sein. Das landwirtschaftliche Milieu ist in der heutigen Kulturwelt im allgemeinen allzu anders geartet und setzt allzu verschiedene geistige und namentlich auch seelische Eigenschaften voraus, als daß Berufsumschichtungen solcher Art in großem Maßstab viel Aussicht auf Erfolg haben könnten. Soweit der Landwirt erlernbarer Kenntnisse bedarf, sind diese freilich jedermann zugänglich, der sich ernstlich bemüht, sie zu erwerben; aber zum Beruf des Landwirts ist auch vieles notwendig, was nicht erlernt werden kann, sondern was dem Landwirt sozusagen im Blute liegen muß und was gemeinhin nur demjenigen zu Gebote steht, der von Kind auf im landwirtschaftlichen Denken und Fühlen aufgewachsen ist. Und selbst wenn im einzelnen Fall der Mann sich bewährt, der den Berufswechsel vornimmt, so darf nicht übersehen werden, daß wohl in keinem Berufe so sehr wie im landwirtschaftlichen, vollends im kleinbäuerlichen, auch die Mitarbeit, das Mitfühlen und Verstehen der ganzen Familie, besonders aber der Frau notwendig ist. Auch die Frau, die dem Siedler folgt, muß mit den nötigen seelischen und charakterlichen Eigenschaften für den neuen Beruf begabt sein, der nicht bloß den Verzicht auf manche dem Städter gewohnte Annehmlichkeiten des äußeren Lebens mit sich bringt, sondern der in seiner Abhängigkeit von den Geschehnissen der Natur auch die volle, durch keine schematischen Vorschriften über die tägliche Arbeitsdauer begrenzbare Hingabe des ganzen Menschen verlangt und dessen Erfolge so sichtbarlich wie kaum bei einem anderen Beruf in die Hand einer höheren Macht gegeben sind, die den Menschen ihre Überlegenheit fortgesetzt fühlen läßt und ihn lehrt, sich in Demut zu bescheiden.

Mit diesen Seiten des Berufs hängt aber auch anderes zusammen, was kulturell und politisch von Bedeutung ist. Der landwirtschaftliche Betrieb ist an die Scholle gebunden. Betrieb und Heimat fallen im normalen Fall zusammen. Berufsfreudigkeit und Heimatgefühl fließen untrennbar ineinander über, und zwar nicht nur beim selbständigen Landwirt, der auf dem eigenen Hofe sitzt, sondern bemerkenswerterweise oft auch beim landwirtschaftlichen Gesinde und beim Landarbeiter (wenn er nicht bloßer Wanderarbeiter ist). Wohl kann sich diese Bodenständigkeit zu engstirniger Selbstsucht übersteigern. Aber auch die Aufgeschlossenheit für weltwirtschaftliche Ideen und für allgemeine Menschheitsideale, die leichter bei den weniger seßhaften Teilen der Bevölkerung zu Hause zu sein pflegt, kann sich ja überschlagen und am Ende jegliches Heimats- und Vaterlandsgefühl ertöten. Beide Grundrichtungen sind für das Ganze wertvoll, sowohl die der Beschränkung auf die Heimat wie die, die über diesen Rahmen hinausgreift, und ihr Zusammenklang gibt eine gute Mischung. Aber solange es verschiedene Völker und verschiedene Staaten auf Erden gibt, die darauf angewiesen sind, sich gegeneinander zu behaupten, solange muß in dieser Mischung die vaterländische Gesinnung die feste Grundlage bilden und es ist verständlich, wenn die Vertreter des

Bauernstandes im Kampf um seine Selbstbehauptung sich ganz besonders auch dieses Gesichtspunktes zu bedienen pflegen, um darzutun, daß es eine Staatsnotwendigkeit sei, selbst mit Opfern, die von der Gesamtheit zu tragen sind, eine „gerechte" Preisgestaltung herbeizuführen, die dem Bauernstand sein Auskommen gewährleistet. Will man aber wertvolle spezifische Bauerneigenschaften dem Staatsganzen erhalten, so muß man auch die alten Bauernfamilien nach Möglichkeit ihrem Beruf erhalten.

Der Bauernstand ist ein Teil der umfassenderen Bevölkerungsgruppe des sogenannten Mittelstandes, und zwar des selbständigen Mittelstandes, also derjenigen selbständigen Berufstätigen, die, kurz gesagt, nicht auf großkapitalistischer Basis arbeiten. Mehr oder weniger alle Teile des selbständigen Mittelstandes stehen zeitweise in ähnlichen Kämpfen um ihre Fortexistenz wie der Bauernstand und die Gesichtspunkte dieser Kämpfe pflegen denen des Bauernstandes zu einem wesentlichen Teil analog zu sein.

Im Mittelalter waren die selbständigen Berufe in Handel und Gewerbe — die dem städtischen Mittelstand der Gegenwart ungefähr entsprachen — in den Zünften und Gilden organisiert, denen es, um ihre Lebensfähigkeit zu sichern, oblag, für die justitia pretii zu sorgen. Auch in der Zeit des absoluten Staates blieb das tatsächliche Gewicht ihrer Interessen weithin richtunggebend für die Wirtschaftspolitik. Dies änderte sich mit dem Emporkommen der kapitalistischen Großbetriebe und dem zunehmenden politischen Einfluß der Freihandelslehre, der dieses Emporkommen begünstigte. Nun wurde die Konkurrenz der aufstrebenden Großbetriebe allen denen immer gefährlicher, die in Handel und Gewerbe noch mit den altüberkommenen Produktionsmethoden und mit kleinen Mitteln arbeiteten. Kleingewerbe und Kleinhandel fanden es schwerer und schwerer, mit den Preisen zu konkurrieren, die der Großbetrieb mit seiner größeren Kapitalkraft und seinen rationelleren Produktionsmethoden zu stellen vermochte. So steigerte sich mit der fortschreitenden Bedrängnis ihr Verlangen, eine wirksame Unterstützung von Seiten der Obrigkeit in diesem Konkurrenzkampf ganzer Stände wiederzugewinnen, um der ruinösen Preisgestaltung zu begegnen und dadurch ihre bedrohte Standesexistenz zu retten. Das Eigeninteresse des Staates an solcher Hilfeleistung findet auch hier seine vornehmste Begründung in der Erwägung, daß die typischen Erwerbsberufe des selbständigen Mittelstandes um ihrer selbst willen wertvolle, unentbehrliche Bestandteile für ein wohlgeordnetes Gefüge des Volksganzen seien. Ihr besonderer politischer und kultureller Wert wird in einem ähnlichen Einfluß auf die Charakterbildung der Berufsangehörigen gefunden wie bei der landwirtschafttreibenden Bevölkerung.

Die Eigenschaften, die der Beruf des selbständigen Kleinunternehmers verlangt und züchtet, sind im Grund bei allen Erwerbsarten ähnliche, gleichviel ob es sich um städtische oder ländliche, um mehr geistige oder mehr handwerkliche Tätigkeiten handelt. Des näheren sind dies einerseits solche Charaktereigenschaften, die aus dem Wesen des selbständigen Unternehmertums stammen, anderseits solche, die mit der Bescheidenheit des Vermögens und des Einkommens zusammenhängen. In der ersteren Hinsicht ist für die Charakterbildung wichtig und entscheidend das Gefühl der beruflichen Unabhängigkeit und Selbstverantwortung, das Bewußtsein des Aufsichselbstgestelltseins, das den selbständigen Unternehmer allen denen gegenüberstellt, die sich in einer festbezahlten, von dem Arbeitgeber abhängigen und an dessen Entschlüsse und Schicksale gebundenen Stellung befinden. Dieser psychische Unterschied muß sich vollends dann ausprägen, wenn sich mit dem Angestelltenverhältnis auch eine Pensionsberechtigung verbindet, die den Gehalts- oder Lohnempfänger in wesentlichem Umfang der Sorge für die Zukunft seiner selbst und seiner Familie enthebt. Auf der anderen Seite ist die Kleinheit des Vermögens und Einkommens ein Moment, das nicht nur innerhalb der Berufssphäre, sondern in der gesamten Lebenshaltung zu sparsamer Verwaltung der Mittel erzieht, die für Gegenwart und Zukunft herhalten müssen. Treten noch Standesbewußtsein und Berufsstolz hinzu, wie dies in der Natur der selbständigen Berufe liegt, so ist die Kombination aller dieser Momente geeignet, eine kulturell, politisch und wirtschaftlich besonders wertvolle Tradition zu erzeugen.

Nicht als ob aus dem Kreis der nichtselbständigen Berufe oder aus dem Kreis des Großunternehmertums nicht ebenfalls derartige Charaktermischungen hervorgingen. Ein Blick auf die Wirklichkeit genügt, um ihr Dasein zu beweisen. Allein es fehlt nun einmal bei abhängigen Berufsstellungen der Regel nach der erzieherische Druck, der in dem Bewußtsein liegt, daß das wirtschaftliche Wohl und Wehe unausweichlich von eigenen, selbständig zu treffenden Entscheidungen in dem Beruf abhängig ist. Umgekehrt entbehrt das

Großunternehmertum nur allzu leicht der wertvollen Erziehung zur Sparsamkeit sowohl innerhalb wie außerhalb des Erwerbsberufs. Es ist nicht von ungefähr, daß der selbständige Mittelstand in der großen Wirtschaftskrise der Gegenwart weit mehr Widerstandskraft zu zeigen und durchschnittlich weit besser durchzuhalten vermochte als das Großunternehmertum, dessen Niedergang zeitweise solche Dimensionen annahm, daß der Eindruck entstehen konnte, es breche das ganze kapitalistische Wirtschaftssystem zusammen.

§ 22.
Selbstschutz und staatlicher Schutz staatswichtiger Berufsstände.

Als nach Einführung der Freiheit der Gewerbe und der Konkurrenz auch die Schattenseiten dieser Freiheit sich geltend machten, wandten sich die betroffenen Individuen nicht sowohl unmittelbar an den Staat, daß er ihnen helfen möge; es regte sich bei ihnen vielmehr vor allem anderen auch wieder das Verlangen nach stärkerem Zusammenhalten mit den Berufsgenossen zum Schutz der gemeinsamen Interessen. Das von altersher tief eingewurzelte Gemeinschaftsgefühl der Erwerbsstände lebte wieder auf, das mit der ständefeindlichen Änderung des Gewerberechts so wenig mit einemmal erloschen war wie der traditionelle Sinn für eine justitia pretii. Die alten Berufsorganisationen füllten sich wieder mit neuem Leben und neue entstanden, die darnach trachteten, den Gefahren der neuen Gewerbeverfassung entgegenzuwirken. Heute besitzt in den meisten Kulturstaaten so gut wie jeder einzelne Beruf seine eigene Berufsorganisation. Je weiter die Spezialisierung der Berufe in einem Land fortgeschritten ist, desto zahlreicher sind auch diese Organisationen, und zwar auf allen Gebieten des Erwerbslebens, in der Landwirtschaft, in der Industrie, im Handel und bei den freien Berufen, und zwar zumeist gesondert für die Unternehmer und sonstigen Berufsselbständigen und für die Angestellten und Arbeiter aller Kategorien. Ihr inneres Gefüge weist alle denkbaren Verschiedenheiten auf, von losester Zusammenfassung bis zu (namentlich wo es sich um öffentlichrechtliche Organisationen handelt) größter Straffheit.

Bis zu einem gewissen Grad sind die Berufsstände in der Lage, der Gefährdung eines für sie auskömmlichen Preisniveaus durch ihre eigenen Maßnahmen entgegenzutreten. Sie sind dies vor allem dann, wenn es das Verhalten der Berufsangehörigen selbst ist, das dieses Preisniveau gefährdet, also namentlich in solchen Fällen, die nach den Anschauungen des Standes einen unlauteren Wettbewerb zwischen Berufsgenossen darstellen. Ein Einschreiten starker Standesorganisationen kann dabei auch dann in Frage kommen, wenn von einer unlauteren Absicht dessen, der gegen das Standesinteresse an auskömmlichen Preisen verstößt, gar keine Rede sein kann, zum Beispiel wenn ein Arzt seine Dienste aus edler Freude, vielen Leidenden zu helfen, um ein geringeres Honorar wie seine Kollegen oder völlig unentgeltlich anbietet. Denn auch Unterbietungen, die aus durchaus selbstlosen Motiven stammen, können, wenn sie einen größeren Umfang annehmen, dazu führen, die anderen Berufsgenossen gleichfalls zu einer Senkung ihrer Preise zu zwingen, wenn sie ihre Kundschaft nicht verlieren wollen. Die Senkung kann einen solchen Tiefstand der Preise zur Folge haben, daß diejenigen Berufsgenossen, die von ihrem Beruf leben müssen, nicht mehr bestehen können. Um dies möglichst radikal zu verhüten, werden von den Organisationen mitunter feste Tarife aufgestellt. Es werden Mindestpreise und Mindestlöhne (Mindesthonorare) festgesetzt, unter denen es keinem Berufsangehörigen gestattet sein soll, seine Arbeit zu verdingen oder seine Waren zu verkaufen.

Die Auskömmlichkeit der Preise ist aber auch schon dann gefährdet, wenn die Zahl der Berufsangehörigen unverhältnismäßig stark zunimmt, so daß das Angebot der Leistungen und Erzeugnisse dieses Berufes die Nachfrage fühlbar übersteigt und die Gesamtheit der Allzuvielen, mangels sonstiger Hilfsquellen, für Hungerlöhne arbeiten muß, um sich noch durchsetzen zu können. Dann kann es dazu kommen, daß der ganze Stand auf ein Preisniveau herabgezogen wird, das seine Lebensfähigkeit bedroht. Die Aufgabe eines Berufsstandes, den Bestand an Berufsangehörigen auf einer gegebenen Höhe zu erhalten, bedeutet also nicht immer einen Kampf gegen eine drohende Dezimierung ihrer Zahl, sondern unter Umständen auch den Kampf gegen eine übermäßige Zunahme, die zur schließlichen Folge haben müßte, daß die Lebenshaltung des Standes auf ein Hungerniveau herabgedrückt wird.

Die Mittel, um einem unerwünschten Preisdruck infolge Überfüllung des Berufs entgegenzuwirken, sind im großen ganzen immer wieder die gleichen, die auch den Zünften früherer Zeit vertraut waren, so insbesondere Erschwerung des Zuzugs auswärtiger Berufsgenossen und Erschwerung der freien Wahl des Berufs namentlich durch Einführung obligatorischer Berufsprüfungen. Wird die Zulassung zu einem Beruf von dem Nachweis besonderer Eigenschaften und einer besonderen Befähigung und Vorbereitung abhängig gemacht, so pflegt allerdings der nächste Zweck einer solchen Sichtung lediglich die Hochhaltung des geistigen und sittlichen Niveaus des Berufsstandes zu sein. Vor allem gerechtfertigt ist eine solche Sichtung bei Berufen, deren Ausübung mit großer Verantwortung verbunden ist und an deren vertrauenswürdiger Ausübung Öffentlichkeit und Staat daher besonders interessiert sind. Denn nur wenn ein Stand auf der Höhe seiner beruflichen Aufgaben steht, hat er auch die Fähigkeit, bei seinen Angehörigen jene dem Beruf charakteristischen Eigenschaften großzuziehen und fortzuzüchten, die ihn dem Staatsganzen besonders wertvoll machen können und um derentwillen der Staat Grund hat, für eine auskömmliche Gestaltung der Preise zugunsten dieses Standes besorgt zu sein.

Die Durchführung von Maßnahmen der Berufsorganisationen, die für die Angehörigen der Organisation lästig sein können, setzt die Möglichkeit voraus, auch Druckmittel anzuwenden, wohl auch Strafen gegen unbotmäßige Berufsgenossen zu verhängen. Aber vollen Erfolg können alle Maßnahmen, die, direkt oder indirekt, die Preisgestaltung regulieren wollen, in der Regel nur dann haben, wenn sie für die Gesamtheit der Berufsangehörigen Geltung besitzen. Es ist daher ein zwangläufiges Bestreben derartiger Organisationen, entweder diese Gesamtheit in sich selbst zu vereinigen oder doch die Macht zu erlangen, die Außenseiter, die nicht oder anderswo organisiert sind, den gleichen Maßnahmen zu unterwerfen. So haben überall zum mindesten die marxistisch orientierten Arbeitergewerkschaften, sobald sie eine starke Mehrheit der Arbeiter hinter sich hatten, grundsätzlich den Anspruch erhoben, bei Tarifverhandlungen auch die übrige Arbeiterschaft bindend zu vertreten. Zu alledem bedarf es aber der Regel nach der Mitwirkung der Staatsgewalt, die den Berufsorganisationen die nötigen Machtbefugnisse zu verleihen hat, soweit sie nicht unmittelbar, durch Bestimmungen der Gewerbeordnung selbst, die individuelle Freiheit im Sinne der Standesbestrebungen beschränkt.

Das Problem des gerechten Preises und sein enger Zusammenhang mit der Bedeutung der Berufsstände für das Wirtschaftsleben zeigt sich am klarsten im Bereich derjenigen wirtschaftlichen Kämpfe, die sich nicht innerhalb der einzelnen Berufsstände, sondern nach außen hin abspielen, wenn es sich also nicht wie im vorstehenden um die Wahrung der Standesinteressen im Verhältnis zu den dem Stand angehörigen Individuen handelt, sondern wenn ein Stand als geschlossenes Ganzes gegen einen Gegner außerhalb seiner Reihen, insbesondere gegen einen anderen Stand als solchen kämpft.

Das Kriterium, das einen Beruf von einem anderen unterscheidet, und der Grund, der die Angehörigen des einen mit einem anderen Standesbewußtsein erfüllt als die des anderen, liegt häufig lediglich darin, daß der eine höher qualifizierte Berufsleistungen aufweist als der andere. So verhält es sich zum Beispiel bei dem Kampf der approbierten Ärzte gegen die nicht approbierten Heilkundigen, der Rechtsanwälte gegen die Winkeladvokaten, der geprüften Ingenieure, Revisoren, Privatlehrer u. a. m. gegen ihre nichtgeprüften Konkurrenten. Daß diese Standesantagonien einen wirtschaftlichen Hintergrund haben, liegt klar zutage. Er besteht in der Sorge des qualifizierten Berufes, daß das Preisniveau, auf dem für ihn die Möglichkeit seines standesgemäßen Auskommens beruht, durch die als minderwertig betrachtete Konkurrenz gefährdet werde. Diese Konkurrenz leistet zwar Dienste, deren Sinn und Zweck (Krankenheilung, juristische oder sonstige fachliche Beratung, Unterricht und so weiter) der gleiche ist. Die durchschnittliche Qualität der Leistungen gilt aber infolge der durchschnittlichen Mangelhaftigkeit der beruflichen Vorbildung als minderwertig, wenn nicht gar wertlos. Wenn diese nichtgeprüfte und minderwertige Konkurrenz dank geringeren Selbstkosten ihrer Vorbildung und Berufsausübung oder dank marktschreierischer Reklame das standesgemäße Preisniveau unterbieten kann, so bedeutet dies mit der Gefährdung der wirtschaftlichen Existenz des höher qualifizierten Standes auch eine Gefährdung des öffentlichen Interesses an der Erhaltung seiner höherstehenden Berufsleistungen.

In den meisten Fällen, in denen sich ein Stand um sein justum pretium wehrt, handelt es sich aber um eine Konkurrenz, die ebenbürtige, gleichwertige Leistungen anbietet und trotzdem in der Lage ist, sich mit billigeren Preisen zu begnügen, weil irgendwie die Verhältnisse, unter denen sie arbeitet und liefern kann, wesentlich günstiger liegen.

So war es schon in älterer Zeit im Verhältnis der stehenden, an einem Ort fest ansässigen Gewerbebetriebe gegenüber denjenigen, die von einem auswärtigen Standort aus oder auch ganz ohne festen Standort „im Umherziehen" ausgeübt werden, also gegenüber Hausierern und auswärtigen Beschickern öffentlicher Märkte und Messen. So ist es heute erst recht gegenüber den modernen, im großen arbeitenden Versandhäusern, sei es, daß diese sich auf die Werbung durch die Post (Versendung von Reklameschriften und Preisverzeichnissen) beschränken oder daß sie zur persönlichen Bearbeitung der Kundschaft Vertreter umherreisen lassen, die Bestellungen einzusammeln haben. Eine neue Betriebsart des nämlichen Charakters ist der Hausierhandel mittels Automobilen, die einen ganzen Laden von bestimmten Artikeln (zum Beispiel Büchern) oder auch ein gemischtes Warenlager von allem möglichen in natura mit sich führen und systematisch das Land bereisen. Derartige Betriebsarten haben vor dem ortsansässigen Gewerbe sehr häufig einen Vorsprung hinsichtlich der Selbstkosten. Der Hausierer braucht keinen Laden, der Wanderschuster keine Werkstatt, das Versandhaus keine Filialniederlassungen. Sie sind besonders begünstigt, wenn sie weder den steuerlichen Lasten des ansässigen Gewerbes unterworfen sind noch auch irgendeine Sonderbelastung zu tragen haben, durch die ein Ausgleich der Steuerlast hergestellt wäre. Das ansässige Gewerbe pflegt daher mit dem Hinweis auf die allgemeinen Gebote steuerlicher Gerechtigkeit zu seinem Schutz vor allem eine Zusatzbesteuerung der ortsfremden Betriebe zu verlangen, durch die diesen Betrieben die Möglichkeit zur Unterbietung desjenigen Preisniveaus genommen werden soll, das den Existenzbedingungen des ansässigen Gewerbes gerecht wird.

Die neuzeitliche Entwicklung des technischen und kapitalistischen Großbetriebes hat in weitem Umfang Konkurrenzverhältnisse geschaffen, die zu ähnlichen Erscheinungen des wirtschaftlichen Kampfes geführt haben wie die soeben geschilderten. Hierher gehört, um die am meisten hervortretenden Fälle zu nennen, der Kampf des Handwerks gegen die Fabrik, der kleinen Fabrik (Kleinmüller, Kleinbrauer usw.) gegen die Großindustrie, des kleinen Detailkaufmanns gegen den Detailhandel im großen, besonders gegen die Warenhäuser und das Filialwesen. In diesen Kämpfen ist es vor allem die kapitalistische Überlegenheit, die einen Vorsprung der großen Betriebe sichert. Sie gestattet diesen, durch Einkauf von Roh- und Hilfsstoffen in großen Mengen besonders günstige Abschlüsse zu erzielen, die tüchtigsten Arbeitskräfte an sich zu ziehen und die besten, höchstwertigen Maschinen einzustellen, durch weitestgehende Arbeitsteilung Menschen und Material aufs zweckmäßigste zu verwenden, großzügige Propaganda zu treiben und sich bei alledem dank einem massenhaften Umsatz mit kleinen Stückgewinnen zu begnügen. Kurzum, es stehen dem Großkapital Mittel der Überlegenheit im Konkurrenzkampf zu Gebot, deren Anwendung dem kleinen Konkurrenten versagt ist. In dieser Hinsicht macht es praktisch keinen wesentlichen Unterschied, ob sich das Großkapital in der Hand von „Kapitalisten" befindet oder in der Hand von Konsumvereinen oder anderen derartigen Organisationen, die dank ihrer juristischen Struktur großkapitalistisch aufzutreten vermögen, auch wenn sie in ihrer physischen Zusammensetzung den Klein- und Kleinstbesitz verkörpern. Sofern der Staat die Erhaltung eines selbständigen Mittelstandes als eine Staatsnotwendigkeit betrachtet, gleichviel ob mehr aus wirtschaftlichen oder mehr aus politischen und kulturellen Gründen, muß er sich daher zu Maßnahmen gedrängt fühlen, die es dem Großbetrieb erschweren, seine Überlegenheit gegenüber dem Kleinbetrieb voll auszunützen.

Diese Maßnahmen können von der verschiedensten Art sein, angefangen mit tief eingreifenden Gesetzeswerken, die die Bewegungsfreiheit des Großkapitals an der Wurzel zu hemmen versuchen, indem sie (wie in den Vereinigten Staaten von Amerika) seine Vertrustung und Kartellierung verbieten oder erschweren, bis herab zu kleinen administrativen Einzelmaßnahmen, die unerwünschten Betriebsarten mit den Mitteln der Gewerbepolizei zu Leibe gehen. Als ein besonders bequemes Mittel zur Ausgleichung des Mißverhältnisses der wirtschaftlichen Kräfte bietet sich aber auch hier die Besteuerung dar. Zum Beispiel hat die deutsche Steuergesetzgebung im Laufe der letzten Jahrzehnte verschiedenfach den Weg einer gestaffelten Besteuerung beschritten. Diese besteht darin, daß mit der Größenordnung des Betriebes, die nach den Ziffern des Verkaufsumsatzes oder nach der Menge oder dem Gewicht verbrauchter Rohstoffe oder nach irgendwelchen sonstigen Merkmalen der Produktion bestimmt wird, die Steuerlast nicht nur prozentual, sondern progressiv wächst, so daß der größere Betrieb einer steuerlichen Vorbelastung unterliegt, die geeignet ist, seinen sonst vorhandenen Vorsprung hinsichtlich der Selbstkosten mehr oder weniger zu kompensieren.

Es gibt auch Fälle, wo Gesetzgebung oder Verwaltung eine Ungleichheit der Konkurrenzverhältnisse mit Absicht selbst geschaffen haben. Dies begegnet mitunter zum Beispiel bei solchen Gewerbebetrieben, die sich in der Hand von öffentlichen Körpern befinden und mit dem privaten Gewerbe konkurrieren (staatliche oder kommunale Bankinstitute, kommunale Bäckereien oder Fleischereien, kommunale Werkstätten und dergleichen mehr). Wohl kann der Zweck solcher Betriebe einfach der sein, durch ihre Einschaltung in die Konkurrenz die Verbraucherschaft gegen eine Übersteigerung der Preise zu schützen, zu der das Privatgewerbe sonst imstande wäre. Aber die öffentlichen Betriebe sind zuweilen mit steuerlichen Begünstigungen ausgestattet oder sind gar steuerfrei oder sie genießen sonstwie besondere Vorteile, die sie lediglich ihrer engen Verbundenheit mit einem öffentlichen Körper verdanken (zum Beispiel durch Erleichterung der Kundenwerbung). Sie können so in der Lage sein, den Stand der privaten Gewerbetreibenden derart zu unterbieten, daß dieser sein Auskommen nicht mehr findet. Auch hier geht der Wettbewerb auf einem ungleichen Kampfplatz vor sich und er wird von dem Privatgewerbe um so mehr als ein ungerechter, wenn nicht sogar unlauterer empfunden, als dieses in seiner Eigenschaft als Steuerzahler selbst die Mittel mitaufbringen muß, die die Schaffung jener Konkurrenz erst ermöglichen. Dies gilt vor allem auch überall da, wo billige Gefangenenarbeit zur Konkurrenzierung der privaten Gewerbetreibenden und der Arbeiterschaft verwendet wird und jene Billigkeit darauf beruht, daß die Gefangenen auf Staatskosten unterhalten werden und, wenn überhaupt, so nur eine geringere Entlohnung erhalten als sie dem Lohnniveau des freien Arbeitsmarktes entspricht.

Ein Hauptgebiet aber, auf dem sich häufig ganze Erwerbsstände durch eine Konkurrenz gefährdet sehen, die sie als ungerecht betrachten und der gegenüber sie den Schutz des Staates anrufen, ist das Gebiet der *ausländischen* Konkurrenz auf dem Inlandsmarkt.

Schon in dem natürlichen Vorsprung, den zuweilen das Ausland hinsichtlich seiner Selbstkosten hat, kann unter Umständen der Tatbestand eines objektiv unlauteren Wettbewerbs (vgl. oben S. 125) gefunden werden, zum Beispiel wenn es seine Bodenfrüchte auf sehr viel fruchtbareren und billigeren Ländereien erzeugt oder wenn infolge einfacherer Lebenssitten das Niveau seiner Arbeitslöhne ein erheblich geringeres ist oder wenn ihm bessere oder billigere Verkehrsmöglichkeiten zu Gebote stehen und es trotzdem zur freien Konkurrenz mit der schwerer arbeitenden inländischen Produktion zugelassen ist. Die bevorzugte Lage der ausländischen Konkurrenz beruht aber zuweilen auch auf besonderen Maßnahmen der ausländischen Gesetzgebung, die ihre Bevölkerung im ganzen oder wenigstens einzelne Erwerbsstände mit geringeren Steuern belastet, den Exporteuren also die Möglichkeit gibt, ihre Waren mit geringeren Selbstkosten auf fremden Märkten anzubieten, oder die diesen Export sogar durch positive Unterstützung noch besonders erleichtert und befördert wie durch Gewährung von Exportprämien oder durch das modern gewordene Mittel der Währungsverschlechterung, sei diese lediglich zum Zweck eines solchen „Dumping" oder auch aus anderweitigen Gründen erfolgt.

Auch die Freihandelslehre, die von dem Standpunkt des sogenannten allgemeinen Konsumenteninteresses aus grundsätzlich jede der Auslandskonkurrenz verdankte Verbilligung der Preise begrüßt, ist mehr und mehr dazu übergegangen, zwischen jenen „natürlichen" Vorteilen des Auslands und denjenigen zu unterscheiden, die auf positiven Einwirkungen der ausländischen Wirtschaftspolitik beruhen, und zur Abwehr dieser letzteren solche Maßnahmen gutzuheißen, die die künstliche Verschiebung der natürlichen Konkurrenzverhältnisse ausgleichen (insbesondere Zusatzzölle gegenüber Ländern, die Ausfuhrprämien gewähren oder ihre Währung verschlechtern). Auch dieser Auffassung der neueren Freihandelslehre gilt also der durch besondere Staatsmaßnahmen einseitig unterstützte Wettbewerb des Auslands als ein unlauterer Wettbewerb, demgegenüber das Inland entsprechende Schutzmaßnahmen von Staats wegen beanspruchen darf. Wenn aber eine ohne solche einseitige Staatshilfe entstandene Vorzugsstellung des Auslandes als eine rein natürliche betrachtet und um dessentwillen nicht beanstandet wird, so muß immer wieder darauf hingewiesen werden, daß die Produktionsbedingungen eines jeden Gewerbes in jedem Land unter der Einwirkung der staatlichen Gesetzgebung stehen und daß die jeweilige Höhe der Selbstkosten aller Erzeugnisse immer irgendwie auch mit den Einrichtungen und der Wirksamkeit des Staates zusammenhängt und durch diese mitbedingt ist.[1]

Wenn anerkannt werden muß, daß es im Interesse des Staatsganzen liegt, einen inländischen Berufsstand lebenskräftig zu er-

---

[1] Vgl. oben S. 65ff. und S. 129ff.

halten und ihm zu diesem Zweck einen ausreichenden Ertrag seiner Erwerbsbetätigung zu sichern, so ist nach alledem die staatliche Einwirkung auf die Gestaltung der Preise für diesen Berufsstand nicht nur dann am Platz, wenn ihm die Auslandskonkurrenz dank einer ihr unmittelbar gewährten fremden Staatshilfe gefährlich wird, sondern logischerweise in jedem Fall.

Die Mittel zur Erhaltung des bedrohten Standes pflegen darin zu bestehen, daß die Auslandskonkurrenz, wenn nicht verboten, so doch besonderen Erschwerungen (Schutzzöllen auf Waren, Niederlassungsverboten für Arbeitskräfte und so weiter) unterworfen wird. Das Ziel ist immer eine Preisgestaltung für die einheimische Arbeit und ihre Produkte, die das als staatswichtig und schutzbedürftig anerkannte inländische Gewerbe vor dem Untergang bewahrt und in diesem Sinn, also vom Standpunkt des Gemeinwohls aus gesehen, gerecht ist.

§ 23.
Das Ideal gerechter Preisgesetze.

Wenn es richtig ist, daß der Staat und seine Wirksamkeit zu den wesentlichen Elementen der Wertbildung gehört und daß nur das Wie, nicht aber das Ob seiner Mitwirkung in Frage gestellt werden kann, so ist damit auch gesagt, daß das Problem des Tauschwerts und das der Gerechtigkeit in notwendigem, unlösbar engem Zusammenhang stehen. Man mag das Gebot, Gerechtigkeit zu üben, als ein Gebot des göttlichen Naturrechts begründen oder als kategorischen Imperativ im Kantschen Sinn oder wie immer — in keinem Fall ist es möglich, den Willen zur Gerechtigkeit aus der Wirksamkeit eines geordneten Staates wegzudenken, mag seine Verfassung auf gleichviel welchen Grundsätzen beruhen.

Was ist aber „gerecht“?

Mit abstrakten Definitionen des Begriffs der Gerechtigkeit ist für die Entscheidungen des praktischen Lebens nicht viel gewonnen. Auch Ulpians klassische Definition „Justitia est constans et perpetua voluntas jus suum cuique tribuendi“ läßt freien Spielraum dafür, was ein jeder unter dem suum verstehen will, das ihm oder einem anderen gebühre. Es ist daher nur natürlich, daß bei allen Diskussionen über die Frage, ob der Staat die Aufgabe oder überhaupt die Möglichkeit habe, generell für gerechte Preise zu sorgen, der stereotype Hinweis der Gegner der ist, daß doch jedermann sich etwas anderes unter diesen vorstellen könne. Wenn irgendwo, so sei in diesem Bereich der Wunsch der Vater des Gedankens und nirgends werde es schwieriger sein, eine objektive Realität festzustellen, als wo es gilt, den gerechten Preis herauszuschälen aus dem Gewirr von Wunschbildern und Interessen, die bei solcher Geburt zu Pate stehen. Die justitia pretii sei nun einmal ein unerreichbares Ideal. Es sei weltfremd, zu verkennen, daß keine generelle Preisnormierung, wäre sie auch noch so gut gemeint und noch so gewissenhaft begründet, verhindern könne, daß was den Interessenten der einen Seite als gerecht erscheint, die Unzufriedenheit der anderen erregt und Klagen über ungerechte Preise auslöst.

Allein so wenig sich gegen die Richtigkeit dieser Argumentation an und für sich einwenden läßt, so wenig trifft sie den Kern dessen, worauf es ankommt.

Es liegt im Wesen aller Gesetze, denen generelle Bedeutung zukommt, daß sie nur auf Durchschnittsfälle zugeschnitten sein können. Der Zwang zum Generalisieren ist schon für sich allein eine Quelle möglicher Ungerechtigkeiten bei der Anwendung der Gesetze in allen den Einzelfällen, die dem Durchschnitt, wie ihn der Gesetzgeber vor Augen hatte, nicht genau entsprechen. Wenn der Gesetzgeber auch im Bewußtsein dieses Mangels noch so viele Ausnahmen von der Regel eines Gesetzes statuiert und mit Sonderregelungen bedenkt, wird es ihm doch niemals möglich sein, allen Fällen, die das Leben mit sich bringt, gerecht zu werden. Preisgesetze grundsätzlich verwerfen, weil sie dem Ideal absoluter Gerechtigkeit nicht entsprechen können, heißt daher an die Gerechtigkeit von Preisgesetzen andere, weit rigorosere Anforderungen stellen als an die übrige Gesetzgebung — Anforderungen, die nicht nur keine Preisgesetzgebung, sondern überhaupt keine Gesetzgebung erfüllen kann.

Der Gesetzgeber wie jeder Mensch vermag nicht mehr als nach dem Ideal zu streben. Er muß sich bescheiden, diesem so nahe zu kommen, als in seinen Kräften steht. Das Bessere ist der Feind des Guten. Der Grundsatz, Gutes abzulehnen, weil es nicht von idealer Güte sei, könnte statt der Schaffung von Rechtsordnungen für das Zusammenleben der Menschen, wenn konsequent durchgeführt, schließlich die Ablehnung gesetzlicher Ordnungen überhaupt, also einen Zustand der Anarchie zur Folge haben. Gesetze sind gut und man darf mit ihnen vollauf zufrieden sein, wenn ihre Normen dem Durchschnitt, der Hauptmasse der Fälle gerecht werden, um deren Ordnung es sich handelt. Allzu scharfen Kontrasten mit dem Gerechtigkeitsgefühl, die, mindestens in Ausnahmefällen, niemals ganz zu vermeiden sind, kann durch „Härteparagraphen" Rechnung getragen werden, die dem Richter (oder einer Verwaltungsbehörde) die Macht geben, die Norm des Gesetzes ausnahmsweise nach seinem rein persönlichen Gerechtigkeitsgefühl außer acht zu lassen.

Die grundsätzlichen Gegner von Preisgesetzen pflegen nun freilich auch darauf hinzuweisen, daß Preisgesetzgebungen in ganz besonderem Maße der Gefahr ausgesetzt seien, für einseitige Interessen mißbraucht zu werden. Auf der Verkäuferseite steht das Interesse an möglichst hohen, auf der Käuferseite das Interesse an möglichst niederen Preisen. Ist es schon in individuellen Fällen des Streites über eine angemessene Preishöhe schwer, es beiden Teilen recht zu machen, so ist dies bei einer generellen Preistaxe oder Lohntarifierung oder bei den sonstigen direkten oder indirekten Maßnahmen der Einflußnahme auf die Preisgestaltung noch weit schwerer. Und nicht nur in der tatsächlichen Auswirkung wird leicht das eine Interesse besser wegkommen als das andere, sondern — was vom Standpunkt der Gerechtigkeit aus am schlimmsten ist — der Gesetzgeber selbst kann geradezu zum Spielball der sich bekämpfenden Interessen werden. Auch beim besten Willen des Gesetzgebers zur Unparteilichkeit wird, wenn dieser nicht eine überragende Sachkenntnis besitzt, regelmäßig diejenige Seite einen Vorsprung besitzen und bei der Gestaltung eines Gesetzgebungswerkes mehr für sich zu erreichen imstande sein, die ihre Interessen geschickter zu vertreten versteht als die andere.

Auch dies ist an und für sich richtig. Aber auch dieser Einwand trifft, genau besehen, nicht nur die Preisgesetze (und alle protektionistischen Gesetze überhaupt), sondern jedwede Gesetzgebung. Denn fast alle Gesetze, gleichviel auf welchem Rechtsgebiet, stellen sich, wenn man ihrer Entstehung und ihren Motiven nachgeht, als das Produkt von Interessenkämpfen dar, bei denen die Parteien um die Seele des Gesetzgebers rangen. Es ist dies die „Kompromißnatur der Gesetze" (wie Merkel sie nannte). Diese ist, von allen menschlichen Schwächen des Gesetzgebers abgesehen, schon für sich allein ein Hindernis auf dem Weg zum absoluten Ideal der Gerechtigkeit. Wenn aber Gesetze erlassen werden, die sich allzuweit von diesem Ideal entfernen, so daß sie überwiegend als ungerecht empfunden werden, so lehrt die Erfahrung, daß auf die Dauer kein

Rechtszustand sich aufrechterhalten läßt, der dem Rechtsgefühl eines Volkes, seinem Sinn für Gerechtigkeit, widerstreitet.

Wenn die Anwendung der Gesetze in konkreten Einzelfällen Unzufriedenheit erzeugt, so ist übrigens bei näherem Zusehen die Schuld hieran sehr häufig nicht sowohl dem Gesetz selbst beizumessen als vielmehr der Art seiner Anwendung durch die (richterliche oder Verwaltungs-) Behörde. Auch die besten Gesetze verfehlen ihre gute Wirkung, wenn ihre Ausführung in unfähige oder gar parteiische Hände gelegt ist. Umgekehrt vermag oft eine kluge und von gesundem Rechtsempfinden getragene Praxis durch Vermeidung einer schematischen Anwendung der Gesetzesparagraphen Wirkungen zu mildern oder aufzuheben, die ihr ungerecht erscheinen. So wichtig wie die Gesetze selbst ist das Dasein von Behörden, denen die Gesetzesanwendung mit Vertrauen überlassen werden kann.

Wer Gerechtigkeit sucht, verlangt vor allem die Gewißheit, daß derjenige, der zu Entscheidungen berufen ist, von dem festen Willen, gerecht zu entscheiden, beseelt und daß er nicht gehindert sei, diesen seinen Willen in die Tat umzusetzen. Die bestmögliche Sicherung der Unabhängigkeit des Richters und der Unparteilichkeit seiner Entscheidungen gehört zu den vornehmsten Aufgaben jeden Kulturstaates, die nur in revolutionären Zeiten oder im Krieg zuweilen beiseite stehen muß. Bedarf die Beurteilung einer Materie spezieller Sachkenntnisse, die der zur Entscheidung Berufene persönlich nicht besitzt, und muß dieser daher besondere Sachverständige zuziehen, um sein Urteil zu bilden, so verhält es sich mit den Anforderungen an die Unparteilichkeit dieser Sachverständigen ähnlich wie mit den Anforderungen an den Richter selbst. Solange ein Volk von der Unparteilichkeit seiner Richter überzeugt ist, nimmt es ihre Entscheidungen gemeiniglich mit Ruhe hin und läßt sie als „Recht“ gelten, auch wenn sie ihm im einzelnen Falle nicht verständlich sind.

Was in dieser Hinsicht für die Rechtspflege gilt, die die Gesetze in den ihr unterbreiteten individuellen Fällen anzuwenden hat, gilt analog auch für die Schaffung der Gesetze selbst — auch derjenigen Gesetze, die der justitia pretii zu dienen bestimmt sind. Autorität und der klare Wille zur Unparteilichkeit müssen hinter ihnen stehen. Unparteilichkeit aber nicht in dem Sinn einer formalen Neutralität, die sich von den Kämpfen um die Preisgestaltung durchaus fernhalten will und die doch, wie hier dargelegt wurde, in ihrem praktischen Ergebnis nicht weniger auf eine Begünstigung der einen und eine Benachteiligung der anderen Partei hinauskommt wie ein offenes Für und Wider gegenüber den sich bekämpfenden Interessen. Die Gerechtigkeit der Staatspolitik kann vielmehr lediglich in dem verantwortungsbewußten Willen gefunden werden, nicht einer Partei zulieb, sondern dem gemeinen Wohl zulieb — salus publica suprema lex! — Partei zu nehmen.

GPSR Compliance

The European Union's (EU) General Product Safety Regulation (GPSR) is a set of rules that requires consumer products to be safe and our obligations to ensure this.

If you have any concerns about our products, you can contact us on ProductSafety@springernature.com

In case Publisher is established outside the EU, the EU authorized representative is:

Springer Nature Customer Service Center GmbH
Europaplatz 3
69115 Heidelberg, Germany

Batch number: 10815974

Printed by Printforce, the Netherlands